2934

THÈSE
POUR LE DOCTORAT

DE LA RESPONSABILITÉ

RÉSULTANT DU

CONTRAT DE TRANSPORT

THÈSE POUR LE DOCTORAT

L'ACTE PUBLIC SUR LES MATIÈRES CI-APRÈS

Sera soutenu le Mardi 12 Juin 1900, à 8 h. 1/2

PAR

Henri LEJEUNE

Président : M. WEISS

Suffragants { MM. BEAUREGARD / PLANIOL } *professeurs*

PARIS

LIBRAIRIE NOUVELLE DE DROIT ET DE JURISPRUDENCE

ARTHUR ROUSSEAU

ÉDITEUR

14, RUE SOUFFLOT ET RUE TOULLIER, 13

1900

DE LA RESPONSABILITÉ
RÉSULTANT DU CONTRAT DE TRANSPORT

INTRODUCTION

Chaque fois qu'une personne s'engage à transporter d'un lieu dans un autre, moyennant un prix déterminé, des personnes ou des choses, il se forme un contrat de transport.

Le Code civil ne s'en occupe point d'une façon spéciale. Il le considère comme une variété du louage d'ouvrage. L'article 1779, en effet, dispose qu'il y a trois espèces de louage d'ouvrage et d'industrie, et il range dans la deuxième « celui des voituriers, tant par terre que par eau, qui se chargent du transport des personnes ou des marchandises ».

Le mot voiturier est, comme on voit, un terme générique s'appliquant à tous ceux qui, par profession ou non, s'occupent de transport. Ainsi sont voituriers les compagnies de chemin de fer, les bateliers, les compagnies de bateaux à vapeur, celles de tramways ou d'omnibus, les entrepreneurs de voitures de place, etc.

Le Code de commerce est également muet sur le contrat de transport. Mais l'article 632. 2ᵉ alinéa, répute acte de commerce « toute entreprise de transport par terre ou par eau ». Les voituriers sont donc généralement des commerçants. Comme, d'autre part, ceux qui ont des marchandises à faire transporter s'adressent souvent à des intermédiaires, appelés commissionnaires, qui traitent pour leur compte avec les voituriers, le Code de commerce consacre à ces derniers une section au titre VIᵉ du gage et des commissionnaires (art. 103 à 108). Le silence de nos codes à l'égard du contrat de transport s'explique historiquement. Quand ils parurent, l'industrie des transports était fort peu développée, si l'on en excepte les transports maritimes, depuis longtemps soumis comme aujourd'hui à des règles particulières... Aujourd'hui il n'en est plus de même. Grâce à l'application de la vapeur et de l'électricité à la traction et à la locomotion, l'industrie des transports, sous leurs diverses formes, a acquis un développement extraordinaire. Auxiliaire utile des autres industries, elle est l'âme même du commerce, perpétuel échange de produits entre individus ou entre peuples.

Par suite de la facilité et de la rapidité des communications, des rapports nombreux et permanents s'établissent entre le public et les entrepreneurs de transports. L'étude de ces rapports et des obligations juridiques qui en peuvent découler forme la théorie du contrat de transport.

Sujet assurément des plus intéressants ; mais vaste, que nous n'avons nullement l'intention d'aborder. Nous voulons simplement envisager les obligations du transporteur à un point de vue spécial. Quelle est sa responsabilité à raison des accidents qui peuvent survenir au cours du transport. Quelles règles appliquer pour résoudre les difficultés qui naîtront entre un entrepreneur de transports et les voyageurs blessés, ou les héritiers des personnes tuées pendant le voyage. Voilà ce que nous voulons rechercher surtout. Mais il y a, selon nous, un lien si étroit entre les rapports juridiques qui naissent dans ce cas, et ceux qui résultent des pertes ou avaries de la marchandise entre l'expéditeur et le voiturier, qu'il nous a paru impossible de traiter des accidents des voyageurs sans parler des *accidents* arrivés à la marchandise.

Certes, nous ne faisons pas d'assimilation entre les voyageurs et les colis. Nous n'avons pas l'intention de comparer la blessure ou la mort d'un voyageur à l'avarie ou à la perte de la marchandise. Mais il est admis par tous que dans les rares textes où le législateur français s'est occupé de transport, il n'a eu en vue que celui des choses. N'est-il pas naturel de se demander si les règles qu'il a appliquées sont compatibles ou non avec la nature du contrat de transport des personnes ? Pour cela, il est nécessaire de préciser quelles sont ces règles, c'est-à-dire d'étudier le transport des marchandises. Nous diviserons donc notre travail en deux parties.

Dans la 1re, nous traiterons du transport des marchandises, de la responsabilité qui résulte pour le voiturier de la perte ou des avaries arrivées à la marchandise ; de l'action en responsabilité et de sa durée. Dans la 2me partie, nous parlerons du transport des personnes. Nous examinerons la solution donnée jusqu'ici par la jurisprudence et la doctrine à cette délicate question de la responsabilité des voituriers en cas d'accidents ayant fait des victimes et nous proposerons la nôtre. Enfin, dans une troisième partie nous examinerons comment les principales législations étrangères ont résolu les questions que nous aurons examinées.

PREMIÈRE PARTIE

Transport des marchandises

CHAPITRE PREMIER

RÈGLES GÉNÉRALES SUR LE CONTRAT DE TRANSPORT

DES MARCHANDISES

Le contrat de transport est une convention par laquelle une personne s'engage à transporter un objet d'un lieu dans un autre moyennant un prix déterminé.

Il intervient donc un expéditeur et un voiturier. Il est de son essence qu'il y ait un objet à transporter et un prix à payer. C'est un contrat synallagmatique parfait, créant des obligations pour le voiturier tenu d'effectuer le transport et pour l'expéditeur qui doit en payer le prix, soit par lui-même, soit par un destinataire pour le compte duquel il aura stipulé.

Aucune forme n'est exigée pour la manifestation de la volonté des parties ; quand l'article 101 du Code de commerce dit que « la lettre de voiture forme un contrat entre l'expéditeur et le voiturier » il énonce seulement qu'elle fait preuve de l'existence du contrat. Mais celui-ci n'est soumis pour sa formation qu'aux règles générales du droit civil ou du droit commercial, selon qu'il s'agit d'un acte ayant ou non le caractère commercial. Le contrat existe dès que le transport est convenu entre les parties, et aussi dès que la remise de l'objet a été effectuée (argument tiré de l'art. 1783 C. c. qui fait commencer la responsabilité du voiturier à partir de ce moment).

C'est également aux règles générales du droit qu'il faut recourir quand il s'agit de la preuve du contrat. S'il a le caractère commercial il pourra être prouvé par tous les moyens (art. 109 C. com.). Ce sera le cas habituel, puisque la loi répute actes de commerce les entreprises de transport par terre ou par eau (art. 632 C. com.). Il en sera différemment quand le voiturier n'exercera le transport que d'une manière accidentelle. En ce cas la preuve par témoins ne sera pas admise s'il s'agit d'une somme supérieure à 150 francs. On a prétendu qu'à l'égard du voiturier la preuve par témoins était toujours admissible, puisque l'article 1348 l'autorise quand il s'agit de dépôt nécessaire, et que l'art. 1782 assimile les voituriers aux « aubergistes dont il est parlé au titre du Dépôt ». Il y a là une erreur. Les voituriers ne sont assujettis aux mêmes obligations que les aubergistes que « pour la garde et la conservation des choses qui leur sont confiées. »

Le contrat de transport participe du louage, nous l'avons déjà dit (art. 1779) (1). Il y a bien là, comme le

(1) Page 1.

dit cet article, un louage d'ouvrage et d'industrie et non un louage de choses. Quand il est convenu entre un voiturier et un expéditeur de faire transporter une marchandise de Paris à Lyon, par exemple, l'expéditeur ne loue point le cheval, la voiture ou le wagon du voiturier ; il lui importe peu de savoir quelle voiture sera employée par celui-ci ; la voiture, les chevaux ou le chemin de fer sont, comme le dit Troplong (1), des moyens non pour l'expéditeur mais pour le voiturier. Le contrat de transport participe aussi du dépôt. C'est ce que disait expressément l'article 105 du projet du Code de commerce. On le supprima comme inutile.

Nous passons rapidement sur ces points qui ne sont l'objet d'aucune difficulté. Nous ne disons rien des commissionnaires dont les obligations sont identiques à celles des voituriers dont ils ne sont que les mandataires dans des conditions spéciales. Nous laissons également de côté tout ce qui a trait à la lettre de voiture, aux énonciations qu'elle doit contenir et à ses modes de cession ou de transmission. L'examen de ces questions n'est pas indispensable à l'étude de notre sujet.

(1) Troplong, *Traité du louage d'ouvrage*, n°ˢ 904 et 905.

CHAPITRE II

DE LA RESPONSABILITÉ DU VOITURIER A RAISON
DU TRANSPORT DES MARCHANDISES

On peut définir la responsabilité civile « l'obligation imposée à toute personne de réparer le dommage dont il est l'auteur, lorsque ce dommage n'est pas la conséquence de l'exercice d'un droit ». Le préjudice peut être causé soit à une personne avec qui l'on est lié par un contrat, soit à toute autre personne. Dans le premier cas, le créancier invoquera son contrat avec le débiteur; dans le second cas, au contraire, le demandeur à la responsabilité se plaint d'un délit ou d'un quasi délit civil dont il a été victime. C'est ce qu'on résume en disant que le débiteur d'un contrat est tenu de sa faute contractuelle et l'auteur d'un délit ou quasi délit civil de sa faute délictuelle.

Sans doute dans ces deux hypothèses la réparation du préjudice sera des dommages et intérêts. Le fait qui donne naissance à cette obligation est une faute dans les deux cas. Il y a cependant entre ces deux espèces de responsabilité des différences profondes et bien marquées. Indépendamment des titres différents du Code civil, où figurent les articles relatifs à ces deux sortes de responsabilité, il existe, au point de vue de la preuve des faits allégués, un intérêt pratique considérable à distinguer ces deux sortes de fautes.

Le créancier se plaint-il d'une faute commise par son débiteur dans l'exécution de son contrat? Il aura simplement à prouver :

1° L'existence du contrat.

2° Le rapport du fait préjudiciable avec ce contrat.

Cette preuve fournie, le débiteur est présumé l'auteur du fait dommageable et sera condamné s'il ne peut établir l'existence de faits susceptibles de l'exonérer.

Se plaint-on au contraire d'une faute délictuelle? Ce n'est plus à l'auteur du délit ou du quasi délit civil à prouver que le fait dommageable ne lui est pas imputable. C'est au demandeur à prouver que celui-ci a été fautif, imprudent ou simplement négligent. Il est en un mot présumé n'être pas en faute.

Il est incontestable que le voiturier est tenu de la responsabilité contractuelle à raison du transport des marchandises. La simple analyse que nous avons faite de ce contrat suffit pour le démontrer.

Nos législateurs l'ont dit d'ailleurs expressément. On lit, en effet, dans l'art. 1782 que les voituriers par terre et par eau sont assujettis, pour la garde et la conservation des choses qui leur sont confiées, aux mêmes obligations que les aubergistes. L'article 1784 ajoute qu'ils sont responsables de la perte ou des avaries des choses qui leur sont confiées, à moins qu'ils ne prouvent qu'elles aient été perdues ou avariées par cas fortuit ou force majeure.

Les articles 103 et 104 du Code de commerce viennent compléter sur ce sujet les dispositions du Code civil en déclarant.

1°. Que le voiturier est garant de la perte des objets à transporter, hors le cas de force majeure.

2°. Qu'il est garant des avaries autres que celles provenant du vice propre de la chose ou de la force majeure.

3°. Qu'il ne doit pas d'indemnité pour cause de retard si, par effet de la force majeure, le transport n'est pas effectué dans le délai convenu.

On voit, d'après ces articles, que le voiturier a deux sortes d'obligations. Il doit d'abord veiller à la conservation de la chose qui lui est confiée et ensuite procéder au transport dans les délais voulus. Sa responsabilité sera donc engagée, soit lorsqu'il ne remettra pas la marchandise expédiée, soit lorsqu'il la livrera, au destinataire, avariée ou encore lorsqu'il ne la remettra pas à l'expiration du temps qui lui est accordé pour effectuer le transport. Dans ces trois cas le voiturier sera passible des dommages et intérêts, sans même qu'une faute soit relevée contre lui.

Nous venons de voir, en effet, que l'art. 1782 assimilait, pour la garde et la conservation des objets à transporter, le voiturier à un aubergiste. On doit donc décider, en s'en rapportant aux articles concernant l'aubergiste, que la loi considère le dépôt fait par l'expéditeur au voiturier comme un dépôt nécessaire (art. 1952) et que l'entrepreneur de transport est déclaré responsable non seulement de sa *culpa levis in abstracto*, comme tout dépositaire qui stipule un salaire, mais encore d'événements qui rentrent dans la catégorie des cas fortuits. L'art. 1953 dit en effet que « les aubergistes sont responsables du vol ou du dommage des effets du voyageur, soit que le vol ait été fait ou que le dommage ait été causé par les domestiques et préposés de l'hôtellerie ou par des étrangers allant et venant dans l'hôtellerie ». L'article 1954 déclare que seuls les vols faits à main armée ou autre force majeure peuvent exonérer l'aubergiste.

Il y a lieu, conformément à l'article 1782, d'appliquer cette disposition au voiturier. C'est ce que fait la jurisprudence. Elle décide que le voiturier est responsable du vol commis au cours du transport, même par des étrangers à l'entreprise (Cour de Paris, 9 août 1853) (1). Il n'y a d'exception qu'en cas de force majeure. Ainsi une Cie de chemin de fer n'est pas responsable de la perte des marchandises pillées dans une gare par les soldats prussiens (Cassation, 21 juillet 1873) (2).

Cette assimilation de l'aubergiste au voiturier n'a

(1) Dalloz, 1853, 2, 199.
(2) Dalloz, 1875, 1, 39.

d'ailleurs rien de rigoureux. Elle est conforme aux principes du droit et à la logique des faits. Quelle différence y a-t-il donc entre le dépôt fait par un voyageur à l'aubergiste et celui de l'expéditeur au voiturier? Ce choix n'a-t-il pas été, dans les deux cas, dicté sinon imposé par les circonstances?

II. *Causes de responsabilité.* — Nous allons examiner successivement les événements qui peuvent donner lieu à cette action en dommages et intérêts. Trois événements peuvent mettre en jeu la responsabilité des voituriers: la perte, l'avarie de la marchandise ou le retard dans ses livraisons.

Il y a perte non seulement lorsque les marchandises ont réellement péri mais encore toutes les fois que le voiturier ne pourra prouver leur remise au destinataire. Dans ce cas le voiturier doit, en principe, le remboursement intégral de la valeur de la chose et en outre les dommages et intérêts que les parties ont prévus ou pu prévoir au moment de la conclusion du contrat. MM. Lyon-Caen et Renault, dans leur *Traité de droit commercial*, indiquent un cas où l'indemnité est déterminée d'avance. C'est lorsque l'expéditeur a déjà vendu les marchandises au destinataire. « Dans ce cas, disent-ils, le prix stipulé pourra être réclamé sans qu'il y ait lieu de rechercher si ce prix est inférieur ou supérieur au cours des marchandises semblables, au lieu de destination. Autrement on ne tiendrait pas un compte complet du gain dont a été privé l'expéditeur (en supposant que la marchandise voyageait à ses risques) ou de la perte éprouvée par le destinataire dans le cas opposé. » Dans tous les autres cas, il faudra tenir compte de la valeur que la marchandise aurait eue au lieu de destination pour déterminer le montant de l'indemnité. Celle-ci ne peut, en effet, en aucun cas dépasser le dommage éprouvé. Il pourra donc se faire que la valeur donnée à la marchandise soit ou plus ou moins élevée que celle qu'elle avait au lieu d'expédition. Mais quand la lettre de voiture détermine la valeur d'une marchandise on ne peut réclamer une somme supérieure à la valeur déclarée (cassat. 17 mars 1892) (1).

Indépendamment de la perte de la marchandise le voiturier peut-être déclaré responsable des avaries survenues en cours de route et du retard apporté à la livraison. Ce dernier cas de responsabilité n'est pas énuméré dans les articles que nous avons précédemment cités, mais il est implicitement contenu dans l'article 104 du Code de commerce. Il n'y a pas lieu à indemnité, dit cet article, si, par l'effet de la force majeure, le transport n'est pas effectué dans le délai convenu.

D'ailleurs l'article 102 du même Code dit que la lettre de voiture énonce « l'indemnité due pour cause de retard ». C'est d'ailleurs une application des principes généraux. Le voiturier s'est, en effet, engagé à faire parvenir les marchandises dans un délai qui est, soit prévu

(1) Dalloz, 1892, 1, 520.

lors de la conclusion du contrat, soit fixé par l'usage. Si le voiturier ne livre pas les marchandises expédiées dans les délais voulus, il n'a pas exécuté intégralement son obligation et doit, de ce fait, des dommages et intérêts, conformément à l'art. 1147 du code civil.

Lorsque la lettre de voiture ou toute autre pièce analogue aura prévu l'indemnité due en cas de retard, cette indemnité sera due par le fait même du retard. Il y a là une clause pénale qui ne peut être modifiée en aucun cas par les tribunaux. Quand on n'a pas déterminé d'avance le montant des dommages et intérêts, le demandeur doit établir le préjudice qu'il éprouve par le fait de ce retard pour obtenir le bénéfice d'une condamnation à son profit. Cette condamnation ne peut d'ailleurs comprendre que la réparation de la perte subie par le destinaire et que le voiturier pouvait prévoir comme étant une suite immédiate et directe de l'inexécution de la convention.

Le destinataire peut-il, en cas de retard ou d'avaries, laisser pour compte les marchandises au voiturier, à charge par lui d'en payer la valeur intégrale, sous prétexte que les marchandises ne sont plus pour lui d'aucune utilité ? En droit maritime le délaissement est autorisé dans le contrat d'assurance. Quelques auteurs estiment que, dans le silence de la loi, on devrait interdire le laisser pour compte dans les contrats de transports terrestres. Ils font remarquer qu'il a des inconvénients ; c'est une prime donnée au destinataire, une

excitation à exagérer l'importance des avaries, on oblige
de la sorte les voituriers à entretenir un service de vente
pour les marchandises avariées. D'ailleurs, fait-on observer, les obligations de faire se résolvent en dommages
et intérêts (1142, C. c.) ; malgré cela la plupart des tribunaux consacrent la faculté du laisser pour compte, c'est
en effet un usage commercial ; il équivaut dès lors à une
convention et est comme tel valable. Mais il est nécessaire que la marchandise laissée pour compte ait
perdu sa qualité marchande, c'est-à-dire soit devenue
impropre à l'usage auquel elle était destinée.

La perte au lieu d'être totale, peut n'être que partielle.
On dit alors qu'il y a manquant.

L'avarie est une détérioration survenue dans la marchandise.

Quand il y a simplement avarie, l'indemnité ne devra
pas dépasser la différence entre le prix des marchandises
à l'état sain, et prix obtenu dans leur état de détérioration : c'est la même raison de décider qu'en cas de perte.
C'est l'application des principes déposés dans les articles
1149, 1150 et 1151 du Code civil. Les dommages et intérêts pour l'inexécution d'une convention doivent être
de la perte faite et du gain dont a été privé le créancier :
damnum emergens, lucrum cessans, ils ne doivent comprendre que ce qu'on a prévu ou pu prévoir lors du contrat.

Ainsi une Compagnie de chemin de fer n'est pas responsable de la valeur extraordinaire d'un sac contenant

pour 48.000 francs de bijoux alors que le voyageur, lors du dépôt en consigne, n'a fait aucune recommandation spéciale, que l'aspect même du sac fermant sans serrure et à l'aide de simples crochets a dû faire croire qu'il s'agissait d'un colis de minime valeur, (Paris 8 mars 1894) (1).

Dans le cas même où l'inexécution de la convention, c'est-à-dire ici la perte ou les avaries, résulterait du dol du débiteur (voiturier), les dommages et intérêts ne doivent comprendre que ce qui est une suite immédiate et directe de la perte de la marchandise.

Lorsque le voiturier n'a pas remis la marchandise ou lorsqu'il l'a remise avariée, il est responsable, ainsi que nous venons de le voir. C'est l'application non seulement des dispositions que nous avons citées, mais de la règle générale des contrats, l'obligation pour le voiturier de restituer la marchandise naît du contrat de transport. Dès lors il sera libéré s'il prouve que l'inexécution ne lui est pas imputable.

Causes exclusives de la responsabilité du voiturier. — Quels sont les faits de nature à établir que la cause de l'inexécution lui est étrangère ?

La loi cite la force majeure ou le cas fortuit et le vice propre de la chose. Mais la doctrine et la jurisprudence ajoutent avec raison : le fait de l'expéditeur.

1° *Vice propre de la chose.* — On entend par là un

(1) Dalloz, 1898, 2, 462.

germe inhérent à la chose, tenant à sa nature même, et par suite de laquelle elle se détériore ou même périt en cours de route, sans qu'il y ait aucune faute à reprocher au voiturier. On peut citer comme exemple les déperditions auxquelles sont sujet les liquides L'évaporation qui se produit pendant la durée du transport, même quand ces liqueurs sont enfermées dans des fûts, amène nécessairement une diminution de quantité. Cette déperdition de liquide s'appelle d'ordinaire creux de route. On ne peut évidemment en rendre responsable le voiturier.

2°. *Faute de l'expéditeur*. — Les pertes ou avaries qui proviennent de ce fait ne peuvent non plus être imputées au transporteur ; elles lui sont étrangères. Les auteurs et la jurisprudence qui voient dans la responsabilité du voiturier une responsabilité délictuelle sont obligés de l'exonérer, puisqu'il n'y a en ce cas ni faute ni présomption de faute. Les partisans de la responsabilité contractuelle constatent simplement que l'inexécution du contrat ne peut lui être imputable. En règle générale, la jurisprudence décide que le voiturier doit être exonéré dès qu'il peut prouver que l'avarie datait d'une époque antérieure à la prise en charge.

Force majeure et cas fortuit. — Le législateur n'a pas défini ce qu'il entend par force majeure ou cas fortuit. Dans le Code de commerce (art. 103 et 104) il n'est parlé que de force majeure ; mais les articles 1148 et 1784 du Code civil ne font aucune différence entre les deux termes. Doit-on les assimiler ? La plupart des auteurs et la jurisprudence considèrent les deux expressions comme synonymes. Dans son traité des contrats M. Demolombe s'exprime ainsi : « Ces termes sont souvent employés séparément l'un pour l'autre ou même l'un et l'autre simultanément comme synonymes ; ils expriment, en effet, l'idée d'une cause étrangère qui ne peut être imputée au débiteur ».

MM. Lyon-Caen et L. Renault (1) signalent bien une différence d'origine entre le cas fortuit et la force majeure, mais sans aucun espèce d'intérêt au point de vue pratique : « A la rigueur, disent-ils, chacune de ses expressions a un sens différent. Les cas de force majeure sont des événements dans lesquels le fait de l'homme joue un certain rôle tandis que les cas fortuits ne procèdent que du hasard et ne résultent que des lois naturelles. Ainsi une guerre qui empêche les transports ou qui cause la perte des marchandises est un cas de force majeure. Un incendie produit par la foudre, une inondation sont des cas fortuits. Mais au point de vue pratique, il n'y a aucun intérêt à distinguer ces deux sortes d'événements : leurs effets sont identiques en ce sens qu'ils sont exclusifs de responsabilité. » MM. Bédarrides (2) et Sarrut (3) assimilent également les cas

(1) *Traité de droit commercial*, 3ᵉ vol., n° 599.

(2) *Des chemins de fer au point de vue du transport des voyageurs et des marchandises*, 3ᵉ édition revue et annotée par H. F. Rivière. — Tome second, n° 521.

(3) *Transport par chemins de fer*, n° 751 et suivants.

fortuits à la force majeure ; ils veulent toutefois, pour
que la responsabilité du voiturier soit à couvert, que
l'événement ait été irrésistible, n'ait pu être détourné ;
que les effets en soient inévitables, de telle sorte qu'une
vigilance active ait été impuissante à les empêcher de
se produire.

Rien de plus logique que cette assimilation dans
l'opinion de la jurisprudence et les auteurs que nous
venons de citer. Revenons un peu en arrière et rappelons
ce que nous avons dit de la responsabilité : nous n'avons
fait que reproduire le principe traditionnel d'après lequel il n'y a point de responsabilité sans faute.

Par conséquent, tous les faits et circonstances qui seront exclusifs de la faute seront par là même exclusifs
en responsabilité. Les cas fortuits, surtout entendus
comme nous venons de le voir, ne sont pas moins que la
force majeure exclusifs de la faute du voiturier, il n'y a
donc aucun inconvénient à les assimiler. Le législateur
n'a sans doute parlé que de la force majeure dans les
articles du Code de commerce, mais il s'en est référé
aux dispositions générales qu'il avait déjà édictées,
dans le Code civil.

Cependant quelques auteurs estiment qu'en raison
comme en fait, il y a lieu de distinguer les deux hypothèses. Il y a, selon eux, des cas fortuits qui ne sont point
exclusifs de responsabilité ; ce sont les cas fortuits ordinaires ; ils doivent dès lors rester à la charge du
transporteur.

Théorie de M. Exner (1).

Parmi les auteurs qui repoussent l'assimilation des cas fortuits à la force majeure, nous devons citer d'abord M. Exner, parce qu'il a le premier formulé en un système scientifique la théorie qu'il oppose à celle qui fonde la responsabilité sur la seule idée de faute.

M. Exner qualifie de système subjectif le système de l'assimilation, parce que le voiturier n'est responsable que s'il a commis une faute, et pour apprécier la mesure de sa responsabilité, il faut la chercher dans une circonstance qui lui est personnelle ; le critérium de cette responsabilité sera donc un critérium subjectif — Si, au contraire, on étend sa responsabilité au delà des accidents qui peuvent lui être imputés, à lui ou à ses préposés bien entendu, il faut trouver, en dehors de lui, des circonstances qui permettent de déterminer les cas où il y aura lieu ou non à responsabilité, le criterium de cette responsabilité sera objectif par rapport à lui : autrement dit, la distinction entre les faits entraînant la responsabilité et ceux qui l'excluent s'impose en soi, en dehors du sujet à qui incombera cette responsabilité. Cette doctrine est objective. D'après elle, deux circonstances permettent de reconnaître les accidents de force majeure.

(1) Exner, *Théorie de la responsabilité dans le cas de transport*, raduit par Seligman, Paris, 1892.

La première, c'est l'*origine extérieure* de l'accident. Toutes les fois que la cause du sinistre est une circonstance qui s'est produite dans l'intérieur de l'entreprise, la question de force majeure doit être écartée : M. Exner cite comme exemple un « accident de chemin de fer occasionné par l'explosion d'une locomotive ». La Compagnie ne sera pas autorisée à prouver que le levier brisé ou la chaudière qui a fait explosion avaient été éprouvés conformément aux règles de l'art et étaient bien entretenus, en sorte que l'accident ne s'explique que par un vice tout à fait impossible à prévoir et à éviter. On ne l'admettra pas davantage à établir qu'une faiblesse soudaine de l'aiguilleur ou du préposé aux signaux a mis cet employé hors d'état de faire son service et que l'accident est arrivé trop inopinément pour qu'on pût le remplacer. Dans l'une comme dans l'autre hypothèse, il y a un cas intérieur à l'entreprise dont le défendeur doit supporter le risque. La raison en est que l'expéditeur ne sera jamais en mesure de discuter utilement les justifications qui seraient produites. Dans ce système, il peut se présenter tels cas, très rares d'ailleurs, où la solution paraîtra inique ; « le batelier allemand, comme le batelier romain anglais ou français, doit savoir *qu'il supporte le risque de la chose*, et qu'il est une sorte d'assureur, garant de la perte des objets ».

C'est là le premier élément de la force majeure, l'origine extérieure c'est l'élément qualitatif.

Le deuxième élément est dit quantitatif ; il tient à

l'intensité du fait allégué. Il faut que l'événement soit important et notoire. Car alors sa nature même ne permet pas de soupçonner qu'il ait été inventé. Tout le monde sait que le port a été bombardé ; que le navire qui a jeté l'ancre tel jour a en effet été brûlé. Ce qui, dans ces sortes d'événements, constitue la garantie désirable, c'est que leur notoriété atteste leur réalité et la violence de leurs manifestations empêche d'échapper à leurs conséquences. En résumé, la force majeure existe quand :

1° Un événement s'est produit en dehors du cercle d'action de l'entreprise et a pour cause une force qui occasionne un dommage dans l'intérieur de ce cercle ;

2° Il est d'une nature et d'une puissance telle qu'il sort évidemment du nombre des cas fortuits que l'on doit prévoir dans le cours ordinaire de la vie. Ce n'est d'ailleurs, dit M. Exner, qu'une application juste et logique des principes de la responsabilité. L'expéditeur est en effet forcé de se dessaisir de sa chose et ne peut exercer aucune surveillance sur la manière dont le voiturier accomplit son obligation. Il est en effet dépourvu de tout contrôle vis-à-vis des transporteurs. D'après la théorie générale, le voiturier doit prouver le cas fortuit qu'il allègue. Il justifiera facilement des circonstances qui lui seront favorables, sans faire connaître celles qui pourraient engager sa responsabilité. Il importe donc de mettre à sa charge tous les faits qui ne prouvent pas par eux-mêmes, et d'une façon indiscutable, que l'accident serait également arrivé si les plus grandes précautions avaient été prises. « Il ne s'agit pas d'écraser un transporteur qui n'est pas en faute. La règle a pour objet de supprimer une difficulté de preuves en éliminant la question de faute. Elle met la responsabilité à la charge du *récipiens*, parce qu'en général la vraisemblance est contre lui et que la vérité ne peut être établie avec une sûreté suffisante. »

Est-ce là une idée nouvelle que de ne pas faire dépendre d'une faute du transporteur la responsabilité des cas fortuits? En aucune façon. M. Exner cite un édit du préteur, L. 1, pr. Dig. *nautæ.*, 4, 9, rendant responsable celui qui a reçu la chose même si la perte ou le dommage se sont produits sans faute, à moins que l'accident ne soit arrivé par un *damnum fatal*.

Cette distinction entre les cas de force majeure et les cas fortuits simples n'est pas proscrite par la loi française, car le législateur en donne des exemples. Il ne fait pas autre chose, dit M. Seligman, le traducteur de l'ouvrage de M. Exner, quand il distingue (art. 1773, C. c.) les cas fortuits ordinaires, tels que grêle, feu du ciel, gelée ou coulure, et les cas fortuits extraordinaires tels que les ravages de la guerre, ou une inondation, auxquels le pays n'est pas ordinairement sujet, lorsque surtout il rend l'hôtelier responsable des vols commis au préjudice des voyageurs par des étrangers allant et venant dans l'hôtellerie (1953). L'hôtelier n'est exonéré que si le vol a été commis à main armée (1956). Sans doute, le plus souvent le vol qui n'aura pas eu lieu à main armée n'aura été possible que par suite d'une négligence de l'hôtelier ; mais il aura pu se produire dans des circonstances qui excluent absolument toute faute, toute imprudence de ce dernier ; il n'en sera pas moins responsable.

M. Thaller a donné l'appui de sa haute autorité sinon au système de M. Exner du moins à une théorie qui s'en rapproche singulièrement. Après avoir critiqué l'assimilation du cas fortuit et de la force majeure, il analyse les causes qui ont pu occasionner un accident et les ramène à l'un des deux faits suivants (1).

« Ou bien c'est un agent naturel ou humain supérieur à l'exploitation et à ses moyens de résistance ou de coopération selon le cas, qui a fait en quelque sorte irruption du dehors pour empêcher cette exploitation d'accomplir normalement son œuvre (feu du ciel, débordement de rivière, ordre de l'autorité, incursion de l'ennemi, abondance inusitée de récoltes avec encombrement de nature à ralentir le service) ».

Ou bien c'est « des conditions de l'exploitation elle-même, voie ferrée entretenue par l'exploitant (matériel, personnel d'employés, et même personnel étranger reçu dans le service et sujet, par conséquent, à une surveillance de service, etc.)

Que procède l'événement à raison duquel la presta-

_____

(1) *Traité élémentaire du droit commercial.* Dissertation sur le cas fortuit.

tion promise n'a pas été faite ou a été faite incomplè-
tement. « Les événements qui rentrent dans la première catégorie seraient seuls qualifiés de force majeure et seuls pourraient libérer le voiturier.

On a certainement remarqué, dans une des citations
que nous avons données de l'ouvrage de M. Exner, cette
phrase que nous avons pris le soin de souligner : « Le
batelier doit savoir qu'il supporte le risque de la
chose ».

Partant de la « notion de la force majeure dans le
droit des transports, en droit romain et en droit moderne » — tel est le titre modeste de son remarquable
ouvrage — le professeur autrichien en était arrivé à
justifier les conséquences parfois rigoureuses de son
système, en les montrant comme des conséquences
du « risque professionnel ».

C'est à la même conclusion qu'arrive M. Thaller dans
la très intéressante dissertation qu'il a publiée à propos
du cas fortuit. Il justifie la distinction entre les cas de
force majeure et les cas fortuits en disant : « Lorsqu'on
monte une entreprise, on se porte garant de la valeur
de l'outillage dont on fera usage et de l'appropriation
de ces divers éléments au genre de résultat qu'ils
doivent accomplir ; on répond de ses agents, on répond que le contact des autres personnes que le
trafic amènera dans l'entreprise demeurera inoffen-
sif. Cette responsabilité persévérera en cas d'accident ou de retard, quand même il serait établi que

l'exploitant a procédé à un contrôle suffisant sur cet outillage, sur ces agents, sur ces tiers personnes et que l'un de ses facteurs s'est dérobé à son rôle sans une faute des directeurs de l'entreprise. L'exonération n'est point impossible. Mais elle nécessiterait la preuve que c'est par suite de la pénétration *d'une cause externe* dans le milieu professionnel que les instruments du débiteur ont manqué à l'accomplissement de l'engagement; ou retomberait alors dans la force majeure ».

Nous donnons notre complète adhésion à cette solution. Elle nous paraît plus conforme à l'équité que celle qui consiste à assimiler tous les cas fortuits à la force majeure. Mais cette solution est la conséquence logique d'une doctrine que M. Thaller ne nous fait pas suffisamment connaître dans les passages cités plus haut. Afin de montrer que notre adhésion est réfléchie, raisonnée, il nous paraît utile d'exposer la doctrine elle-même. Nous ne pouvons le faire ici, incidemment, à l'occasion de la question de la force majeure. Mais nous estimons cet exposé d'autant plus nécessaire, que seule cette doctrine, qui est celle de la responsabilité objective ou si l'on veut du risque professionnel, du risque créé, permet de résoudre, conformément à la justice, les difficultés que soulèvent les accidents de personnes dans le contrats de transport.

Cet exposé trouvera sa place tout naturellement après celui des solutions que donnent de ces mêmes difficultés les partisans soit de la responsabilité délictuelle, soit de la responsabilité contractuelle.

Mais pour terminer avec les causes exclusives de la responsabilité du voiturier quant à la perte ou aux avaries de la marchandise, nous dirons que seule la force majeure, à l'exclusion des cas fortuits, exonère le voiturier en dehors, bien entendu, du vice propre dè la chose ou du fait de l'expéditeur.

Et encore devons-nous ajouter que ces causes ne seront libératoires qu'autant qu'elles n'auront pas été précédées d'une faute du transporteur.

Par exemple, pour diminuer la durée de son trajet un transporteur prend un chemin de traverse, réputé dangereux. Au moment de son passage un éboulement se produit. Le voiturier prouvant le cas de force majeure est déchargé. Le destinataire ou l'expéditeur pourra faire la preuve qu'il aurait pu éviter l'accident en passant par la voie ordinaire, c'est l'application de la règle *actori incombit probatio*. Cette preuve faite, le voiturier sera responsable de la perte de la marchandise.

III

DES CLAUSES EXCLUSIVES ET MODIFICATIVES
DE LA RESPONSABILITÉ DANS LE CONTRAT DE TRANSPORT
ET DE LA STIPULATION DE PEINE

Peu de questions ont été et sont encore aussi vivement discutées que celles de savoir si la stipulation qui restreint ou supprime la responsabilité d'un transporteur est licite.

Nous ne voulons pas parler ici des simples mentions portées sur les bulletins délivrés par les Compagnies ou autres entrepreneurs de transport aux expéditeurs. De pareilles clauses sont, nous n'hésitons pas à le dire, de nul effet. Il n'y a là que des annotations qui ne sont que le fait d'une seule des parties contractantes et dont l'autre partie n'a même pas pris ou pu prendre connaissance. D'ailleurs, peu importe que l'expéditeur ait su ce qui était écrit sur ce billet. Il est difficile, en effet, d'admettre que la réception de ce bulletin vaille acceptation d'une pareille clause. Le seul fait que l'on puisse invoquer pour établir cette acceptation est la remise de la marchandise, mais cette remise a précédé la réception du bulletin.

Nous devons pourtant reconnaître que la jurisprudence se prononce dans le sens contraire à notre opinion.

Faisons aussi remarquer qu'en ce qui concerne les chemins de fer de pareilles stipulations ne sont possibles que par le jeu de tarifs dits spéciaux. Ces Compagnies, à raison du monopole de fait qui existe à leur profit, doivent présenter les conventions de ce genre à l'homologation ministérielle. Ce n'est qu'après cette homologation que de pareilles causes pourront être invoquées.

Nous supposons une convention particulière, régulièrement intervenue entre un entrepreneur de transport et un expéditeur oucont enue dans un tarif spécial, dument homologué pour ce qui concerne les chemins de fer, et dont l'expéditeur demande expressément l'application, les voituriers ont-ils le droit de stipuler qu'ils ne répondront pas de leurs fautes personnelles ? c'est-à-dire non seulement de la faute commise par le voiturier qui exécute lui-même le transport, charge les marchandises, les conduit du lieu d'expédition à la destination convenue et en opère le déchargement, mais encore celles qui sont commises par tous les préposés qu'un entrepreneur de transport est obligé d'employer, en admettant, bien entendu, qu'ils agissent dans l'exercice de leurs fonctions.

La Cour de cassation, qui avait d'abord déclaré radicalement nulles ces stipulations de non garantie, a dans plusieurs arrêts presque consécutifs, des 24 janvier et 4 février 1874 (1) et 14 décembre 1875 (2), adopté une thèse intermédiaire. Une pareille clause, dit-elle, n'a d'autre effet que de mettre la preuve à la charge de l'expéditeur, contrairement aux règles ordinaires. « La clause de non responsabilité, dit la Cour de cassation dans son arrêt du 4 février 1874, a pour résultat, contrairement aux règles ordinaires, de mettre la preuve à la charge de l'expéditeur. » Singulière décision que la Cour ne prend même pas la peine de motiver ! Une simple affirmation et c'est tout. Pourquoi admettre ce système ? La Cour de cassation ne nous le dit pas. N'est-il pas étonnant, en outre, qu'appelée à dire si la clause de non responsabilité était valable ou non, la Cour nous réponde par une solution tout à fait étrangère à la question ? Celle du fardeau de la preuve.

Ce système est cependant toujours suivi par la Cour de cassation d'une manière invariable (3). Elle paraît même si bien décidée à maintenir cette jurisprudence qu'elle a modifié celle qu'elle suivait antérieurement, en ce qui concerne les contrats de transports maritimes. Jusqu'en 1885 elle déclarait licite, valable la clause par laquelle les armateurs stipulent qu'ils ne

(1) Sirey, 1874, 1, 73.
(2) Dalloz, 1866, 1, 133.
(3) Voir les arrêts du 30 avril 90 (D. 90. 1. 209). 29 février 92, (D. 92, 1, 358), 19 décembre 93 (S. 94, 1, 148) et cassation, 13 janvier 1897, D. 1897, 116.

seront pas responsables de leurs fautes personnelles
(Cassation, 14 mars 1877 ; Sirey, 1879, 1, 423, 2 août 1878 ;
S. 1878, 1, 292). Par deux arrêts des 21 juillet 1885 et
1er mars 1887 (Sirey, 1887, 1, 121, avec une note de
M. Lyon-Caen), la Cour a décidé que cette clause a
pour unique effet de mettre le fardeau de la preuve à
la charge de l'expéditeur ou du destinataire. De cette
façon, au moins, la choquante anomalie qu'on cons-
tatait dans sa jurisprudence a disparu. On peut dire
que la Cour suprême subit toujours l'influence des idées
de Troplong en cette matière. Voici ce qu'écrivait celui-ci dans son *Traité du louage* (n° 942, vol. III). « Que
prétend le demandeur ? que la convention est nulle
parce qu'elle affranchit le voiturier de sa faute. Mais le
voiturier ne soutient pas qu'elle est valable sous cette
couleur. Il consent à répondre de sa faute mais il dit
que c'est à son adversaire à prouver qu'il a été négligent,
car il est demandeur en nullité, et pour prouver la
nullité ou l'inutilité de la convention, il faut qu'il arrive
à établir que ce n'est pas la force majeure qui a causé
l'avarie.

D'autre part, M. Bédarride *Des chemins de fer*, II,
page 91) défend également la décision de la Cour de
cassation. « Accepter la clause de non responsabilité
comme le fait la Cour de cassation, c'est uniquement
interpréter celle-ci et suivre dans cette interprétation
l'article 1157 du Code civil. Lorsqu'une clause est
susceptible de deux sens, on doit plutôt l'entendre dans

celui avec lequel elle peut avoir quelque effet que dans le sens avec lequel elle n'en pourrait produire aucun. Dans une convention de ce genre l'intention des parties a été non pas d'exclure la responsabilité même en cas de faute ou de fait personnel, mais seulement de limiter cette exclusion à tous accidents indépendants de ce fait ou de cette faute. Ce n'est plus alors que sur ce fait ou sur cette faute que le destinataire peut se fonder pour obtenir la réparation du préjudice éprouvé. Il réclame alors l'exécution de l'obligation qui découle de ce fait, de cette faute et doit, par conséquent, assumer la charge de prouver l'existence de ceux-ci. »

M. Pardessus, partisan de la nullité de la clause de non responsabilité, critique la décision de la cour de cassation. Selon lui, cette interprétation revient à affranchir complètement le voiturier des conséquences de sa faute. A la différence du voiturier qui est toujours capable de prouver le cas fortuit qu'il allègue, l'expéditeur ne pourra jamais prouver la faute de celui-ci, étant dans l'impossibilité de surveiller la manière dont il a exécuté le contrat de transport.

D'ailleurs, du moment que la Cour de cassation admet la nullité des clauses de non garantie, il est arbitraire de leur donner un effet au point de vue de la preuve. En leur donnant la portée que leur attribue la Cour de cassation on n'interprète pas la stipulation de non garantie, comme le fait très justement remarquer M. Lyon-Caen, on la dénature. En outre, il est assez difficile de dire dans quelles conditions tel ou tel fait doit s'offrir pour qu'on puisse en dégager la manifestation d'une faute. On ne voit pas, par exemple, dit M. Thaller, « si la dénonciation d'un vice d'outillage tel que l'inflammation d'un wagon par échauffement des roues, vaut à elle seule preuve de la faute ou s'il faut en outre que l'intéressé démontre que c'est par suite d'une négligence avérée que l'accident est survenu. »

D'autres objections non moins sérieuses peuvent être faites contre la théorie de la Cour de cassation. On a dit, pour la défendre, que la Cour suprême faisait une application de l'article 1157. Mais cet article, s'applique-t-il à la situation? Nous ne le pensons pas. Aucun doute, en effet, ne peut s'élever sur la stipulation de non garantie. Le voiturier a stipulé qu'il ne répondrait pas de ses fautes. L'expéditeur a accepté. Voilà, ce nous semble, une convention claire et précise et en outre susceptible d'un seul sens. Il est même difficile d'y trouver une règle relative à la preuve. En outre, comme le fait remarquer M. Sarrut dans une note sous l'arrêt du 30 avril 1890 précité, la Cour de cassation se met ainsi en contradiction avec elle-même et viole trois principes de droit certain qu'elle a elle-même consacrés par sa jurisprudence. Un de ces principes a rapport à toutes les conventions en général et les deux autres régissent spécialement les transports par chemin de fer.

Ces principes sont les suivants :

1° En aucune matière le juge ne peut, sous prétexte

d'interprétation, modifier une disposition claire, précise et ne prêtant pas à l'équivoque (Dalloz, Jurisprudence générale, supplément, voir cassation, n° 345 et s.).

2° Les tarifs des Compagnies de chemins de fer doivent être appliqués à la lettre (table du Dalloz, chemins de fer, n° 361 et s.).

3° Il est interdit aux tribunaux d'interpréter les actes administratifs (table du Dalloz, Compétence administrative, n° 173 et s.).

Que l'on veuille bien maintenant jeter un regard en arrière et l'on verra comment la Cour de cassation a appliqué ces règles dans la question qui nous occupe.

D'abord pourquoi les parties auraient-elles employé une clause de non responsabilité pour régler une question de preuve. Comme le dit très bien M. Sainctelette, « si les parties avait eu l'intention de déroger aux règles ordinaires de la preuve, qu'avaient-elles besoin de faire un circuit? Qu'y avait-il de plus naturel, de plus aisé, de plus légal, que de le dire sans ambages ni périphrases ». Au lieu de cela, quel étrange raisonnement ne fait-on pas tenir à l'expéditeur et au voiturier! Celui-ci stipule de celui-là qu'il ne répondra pas de ses fautes contractuelles. L'expéditeur déclare renoncer à toute action de ce chef. Les contractants ont entendu que s'il y avait lieu à une demande en garantie, elle ne serait pas recevable. La Cour de cassation, depuis près de vingt-cinq ans, modifie complètement ces conventions. Elle dit au voiturier : « Vous aviez stipulé que vous ne seriez pas garant, vous le serez ; à l'expéditeur : vous avez promis de ne point demander de garantie, demandez-la ; à l'un et à l'autre : vous ne vouliez point de procès, il y en aura un ; vous vouliez que la demande de preuve ne fût pas admissible, elle l'est ».

Il nous paraît difficile, en présence de toutes ces contradictions et de toutes ces singularités de raisonnement, de considérer la solution de la Cour de cassation comme étant celle qui est la plus conforme aux principes du droit et à la commune intention des paroles.

Devrons-nous donc déclarer que la stipulation de non garantie est nulle et de nul effet? Nous ne le pensons pas. Nous croyons tout au contraire qu'une pareille convention doit recevoir son entière exécution en admettant, bien entendu, qu'on n'exclut par cette convention seulement que les conséquences de ses faits personnels. Personne n'a jamais soutenu, en effet, qu'on pourrait s'affranchir des conséquences de son dol. Il y aurait là une convention tombant non seulement sous l'application de l'article 6 du Code civil, comme contraire à l'ordre public, mais encore sous l'article 1174 annulant toute convention faite sous condition potestative. Or, il y a bien condition potestative de la part d'un débiteur qui stipule de son créancier que celui-ci renoncera par avance à toute poursuite en cas d'inexécution dolosive, autrement dite volontaire de sa part.

La plupart des auteurs, notamment M. Labbé, assimilent la faute lourde au dol. Il y a des cas, en effet, où la faute du débiteur est le résultat d'une négligence tellement exagérée que l'homme le moins attentif ne l'aurait pas commise et où une pareille faute ne comporte aucune excuse. Nous n'avons pas l'autorité nécessaire pour aller à l'encontre de l'opinion générale consacrée comme un article de foi par la jurisprudence ; il y a cependant quelque chose de choquant, qui répugne à notre raison, à assimiler le manque d'exécution de bonne foi au dol qui suppose l'intention mauvaise. Pour nous, la faute grossière, appréciée dans sa matérialité, sans la volonté de l'agent qui l'accomplit, ne devrait jamais être assimilée à une négligence subjective, véritablement coupable. Tout ce que l'on pourrait accorder, c'est que le juge peut, avec raison, induire de la grossièreté de la faute une présomption de dol, une négligence, une imprudence si extraordinaire ne devant guère être admissible sans intention coupable. Mais nous le répétons : nous nous inclinons devant la presque unanimité des auteurs.

Ces réserves faites, nous croyons qu'on peut s'affranchir des conséquences de sa faute contractuelle. On dit qu'une convention ne peut décharger un débiteur de la responsabilité de ses fautes : « C'est un point certain en droit, dit Dalloz au mot commissionnaire, qu'on ne peut convenir de l'irresponsabilité de ses fautes. » Ce principe est établi pour toutes les matières du droit civil et du droit commercial, parce qu'affranchir une personne de la responsabilité de ses faits, c'est ouvrir une porte à la fraude. « Il y a dans la stipulation de non garantie une disposition contraire à l'ordre public. »

Rien n'est moins prouvé que cette assertion. En quoi l'ordre public est-il lésé dans l'hypothèse d'une faute contractuelle ? Il n'y a d'intéressé que le créancier ; il peut dégager la responsabilité de son débiteur. L'article 1134 C. c., en décidant que les conventions tiennent lieu de loi à ceux qui les ont faites, a consacré la liberté des conventions. Sans doute l'art. 1137 dit que le débiteur est tenu, pour la conservation de la chose, aux soins d'un bon père de famille. Mais le législateur a posé là une règle générale qui n'est applicable qu'à défaut d'une responsabilité établie par les parties, en admettant, bien entendu, que l'ordre public ne sera pas lésé par ces conventions. Les contractants peuvent stipuler qu'ils apporteront dans l'accomplissement de leurs obligations le maximum de soins que donnerait l'homme le plus attentif, ou seulement le minimum de soins que donnerait un homme qui ne serait pas de mauvaise foi. Ainsi, dit M. Larombière, le débiteur pourra ne devoir que sa vigilance habituelle là où la loi exige les soins d'un bon père de famille et, *vice versa*, le stipulant pourra demander les soins d'un bon père de famille là où le débiteur ne devrait, de droit, que les soins habituels, ou enfin convenir qu'il sera responsable de la faute la plus légère. C'était la règle en droit romain. A la seule condition de ne pas exonérer le débiteur de son dol le contrat pouvait écarter de lui les conséquences de sa faute. Dans la remarquable lettre qu'il a écrite à M. Thaller (*Annales du droit commercial*, avril 1886-1887), M. Labbé met en lumière ce point. Il cite cet exemple topique tiré d'Ulpien. Il s'agit d'un ouvrier qui s'est chargé de ciseler un vase en une substance précieuse et dure qui se taille au ciseau ; il est convenu qu'il ne répondra pas de la fracture. Sous les coups destinés à lui donner la forme de vase le bloc de marbre se brise. L'artiste est-il responsable ? Non, même s'il a été imprudent, s'il n'a pas aperçu une veine apparente et de nature à entraîner la fracture sous un coup donné dans une certaine direction. Le savant romaniste conclut d'ailleurs, et nous sommes de son avis, qu'il n'est nullement immoral que celui qui entreprend un travail difficile y mette cette condition que, sauf la mauvaise foi et une négligence grossière, il ne répondra pas des accidents et des mal façons.

La vérité est que la liberté de convention permet aux contractants, comme nous l'avons déjà dit, de stipuler tout ce qui leur plaît pourvu que les prestations promises ne nuisent pas au bien général de la société. Ne pourrait-on pas, à la rigueur, trouver une consécration de notre opinion dans l'art. 2044 du Code civil. La transaction, dit ce texte, est un contrat par lequel les parties terminent une contestation née, ou préviennent une contestation à naître. Eh bien, par la clause de non garantie, du moment qu'il n'y a ni dol, ni fraude, elles transigent par avance en matière de transport sur les difficultés qui pourraient naître par suite de l'inexécution du contrat.

D'ailleurs, il est incontestable que l'article 1152 permet aux contractants de fixer par avance à leur guise le montant de la réparation qui sera due en cas d'inexécution totale ou partielle du contrat. Les tribunaux et la Cour suprême elle-même reconnaissent que cette indemnité ne peut être ni augmentée ni diminuée. Or, le forfait d'indemnité sera déclaré valable même s'il se monte à une somme dérisoire. La clause d'exonération doit aussi être déclarée valable. Car elle n'est autre chose qu'une stipulation par laquelle les contractants ont déterminé par avance le montant de l'indemnité qui, dans leur hypothèse, ne s'élèvera à rien du tout.

La clause d'exonération touche si peu à l'ordre public que la Cour de cassation, dans une hypothèse analogue, a implicitement consacré la validité de cette clause, comme le fait remarquer M. Sarrut dans sa note précitée. « Juger, dit-il, comme l'a fait un arrêt de la Chambre civile en date du 15 mai 1876 (D. 76, 1, 449) qu'il n'est pas permis au moyen d'un contrat d'assurance ou *de tout autre pacte* de stipuler par avance l'immunité de ses fautes lourdes, que l'ordre public s'oppose à la validité d'un tel pacte, c'est dire par *a contrario* qu'en dehors des fautes lourdes l'ordre public est désintéressé et que la liberté des conventions demeure le droit commun. »

Enfin quelques auteurs voient dans la clause de non responsabilité une sorte de contrat d'assurance. Le débiteur qui dégage sa responsabilité par une clause spéciale exige évidemment, pour la rémunération de ses services, un prix moins élevé. Cette réduction qu'il consent est une sorte de prime qu'il verse à son créancier pour n'avoir pas à répondre de ses fautes. Le créancier garde pour lui le bénéfice de cette réduction. C'est une sorte de prime d'assurance qu'il se verse à lui-même. Il est à la fois assureur et assuré. Les économies qu'il réalise ainsi sur tous les contrats qu'il passe avec ses débiteurs, constituent un fonds de réserve, sur lequel il pourra prélever lui-même la somme qui lui sera nécessaire pour être indemnisé lorsque son débiteur n'aura pu, soit par imprudence soit par négligence, exécuter son obligation.

Voici d'ailleurs ce que disait M. Labbé (1). « Il faut établir une assimilation complète entre les dommages de la responsabilité, desquels nous pouvons nous affranchir, et les dommages contre lesquels nous pouvons nous faire assurer. Quand le créancier renonce à exiger du débiteur la réparation d'une faute, il prend à sa charge le dommage résultant de cette faute, il fait l'équivalent d'une assurance. Pour l'auteur de la faute

____

(1) Sirey, 1885, 1, 26.

surtout l'identité du résultat obtenu dans les deux cas,
à savoir l'exonération, doit conduire à la similitude des
règles juridiques. »

Nous ne voulons pas nous attarder ici à examiner si
l'on peut réellement assimiler la clause de non responsabilité à une assurance, si cette dernière n'exige pas,
pour sa légalité, une réunion de risques, la pluralité des
assurés auprès d'un même assureur.

Nous pouvons, néanmoins, dire que si la jurisprudence et la doctrine voient d'un œil si favorable les assurances de toutes sortes et consacrent leur validité,
c'est qu'elles reconnaissent toutes deux qu'il n'y a rien
de contraire à l'ordre public à ce que les assurés s'exo-
nèrent des conséquences de leurs fautes, en un mot, à
ce qu'ils n'en soient pas responsables. Si, au point de
vue du résultat final, c'est-à-dire la faculté pour la victime de se faire indemniser, les conséquences ne sont
pas toujours les mêmes et si, par une clause de non garantie, on arrive quelquefois à une privation d'indemnité, les raisons qui militent en faveur du contrat d'assurances doivent être les mêmes pour la clause d'exonération. Ou l'ordre public est violé dans les deux cas
ou il ne l'est dans aucun ; or, nous ne croyons pas qu'il
soit venu à l'idée de personne que l'ordre public était
intéressé à la suppression des Compagnies d'assurance.

Certains auteurs, tout en reconnaissant que l'on
pouvait dans les contrats en général s'exonérer des conséquences de sa faute prétendent que la chance de non

garantie est inadmissible dans le contrat de transport. Ce contrat serait, en effet, l'objet de dispositions spéciales dans le Code civil et le Code de commerce ; et il serait interdit de déroger aux règles que le législateur a dictées. « Il y a des dispositions formelles concernant l'entrepreneur de transport (1784, C. c., 103, C. c.), il y a une dérogation aux principes ordinaires. » « Sous l'empire de ceux-ci il suffirait au voiturier d'établir qu'il a donné à la chose les soins d'un bon père de famille. Mais après les dispositions que nous venons de citer, il n'est pas affranchi lorsque la cause de l'avaris se trouve dans la faute même la plus légère de sa part. Il faut une preuve positive de force majeure. » (Sourdat).

Troplong (*Du louage*) voit également dans les art. 1784 et 103 une présomption de faute et une dérogation au droit commun qu'on ne peut modifier. Il nous semble qu'il y a là une erreur manifeste que suffit à dissiper la simple analyse du contrat de transport.

Quel est l'engagement que prend le voiturier ? Il s'engage, pour le prix du transport, à faire remise au destinataire de l'objet qu'il a reçu. Il doit donc le remettre tel qu'il l'a reçu. Soit qu'il ne le remette pas, soit qu'il le remette avarié, il manque à son obligation. Or, que dit le droit commun ? Le débiteur d'une obligation de donner ou de faire est condamné à ses dommages et intérêts pour l'inexécution de la convention toutes les fois qu'il ne justifie pas que cette inexécution provient d'une cause étrangère qui ne peut lui être imputée, encore qu'il n'y ait aucune mauvaise foi de sa part (1147, C. c.) ; le débiteur n'est irresponsable que s'il a été empêché de faire ou de donner ce à quoi il s'était obligé par suite d'une force majeure ou d'un cas fortuit (1148). Enfin, d'après l'article 1315, 2°, celui qui se prétend libéré doit justifier le paiement ou le fait qui a produit l'extinction de son obligation.

« Le sort du voiturier, dit M. Sainctelette, n'est autre, ni pire que celui de tous les autres débiteurs contractuels. Il résulte non pas d'une volonté particulière du législateur mais de l'aménagement tout naturel du fait. Les rédacteurs du Code ont cette fois, comme souvent, pris le fait au collet et l'ont juridiquement photographié sans en altérer l'image par aucune retouche. »

Mais en supposant même que les articles 1784 et 103 fussent une dérogation au droit commun, en quoi cela pouvait-il faire découler l'impossibilité d'en modifier par convention les dispositions ? Sur quoi pourrait-on s'appuyer pour justifier une pareille assertion ? Est-ce que l'article 1134 ne pose pas le principe de la liberté des conventions, il faudrait donc une des positions formelles dans les articles 1784 et 103 pour faire obstacle à l'application de ce principe général.

Mais, dit-on, admettre la validité des clauses d'exonération dans le contrat de transport, c'est encourager les négligences du voiturier, c'est donner une prime à son insouciance. L'objection n'est pas fondée en cas de dol ou de faute lourde. Mais le fût-elle, elle existerait aussi contre le contrat d'assurance que pourrait passer le voiturier pour se garantir des conséquences de ces mêmes fautes. Et on n'a jamais soutenu pour cette cause la nullité des assurances.

Au surplus, la clause de non garantie est si peu contraire à l'ordre public ou à la morale, au dire de Laurent (1), que l'art. 102 C. c. dit que la lettre de voiture énonce l'indemnité pour cause de retard. On ne voit pas comment on pourrait convenir pour réduire à une somme insignifiante le montant de l'indemnité qui est due pour retard et n'avoir pas le droit de faire une même convention pour pertes ou avaries.

Pour toutes ces considérations nous n'hésitons pas à penser que dans le contrat de transport des marchandises la clause d'exonération est licite.

(1) Laurent, *Des voituriers*, vol. XXI, n° 531.

CHAPITRE IV

L'action en responsabilité appartient aussi bien à
l'expéditeur qu'au destinataire. Le premier tire son droit
du contrat même. Le second peut invoquer l'art. 1121
C. civ. parce que l'expéditeur a stipulé pour lui. Mais
quand nous parlerons d'action, nous n'étudierons pas
la question de savoir si elle doit, en certains cas, être
exercée par l'un ou par l'autre. Il est entendu pour nous
qu'elle est la même quant à la responsabilité du voiturier, contre qui cette action est dirigée.

Nous avons vu que la responsabilité du voiturier est
conforme aux principes généraux du droit, mais néanmoins lourde. Il importait de ne pas en prolonger la
durée ; d'autant qu'il devient vite difficile de se rendre
compte des causes de l'accident et du moment où il
s'est produit — si c'est pendant ou après le transport. —
C'est pour obvier à ces inconvénients qu'ont été rédi-
gés les articles 105 et 108 du C. com.

Le premier de ces articles décidait que la réception
des marchandises et le paiement du prix de la voiture

éteignaient toute action contre le voiturier. Le second établissait une courte prescription (six mois ou un an suivant les cas) en cette matière.

Fin de non recevoir (art. 105).

D'après l'article 105 la déchéance était immédiate, il suffisait, pour que celle-ci fût encourue, qu'il y ait réception de la marchandise et paiement des frais du transport.

Cette disposition était vivement critiquée. Sans doute il était juste de choisir le moment de la livraison de la marchandise comme base pour l'extinction de l'action en responsabilité. Le bon sens veut, en effet, que tout destinataire procède à la réception des colis à leur vérification. Le trajet que vient de faire la marchandise laisse en effet à supposer qu'il a pu survenir quelques avaries même à l'intérieur des colis.

Mais, d'un autre côté, il paraissait rigoureux de faire perdre immédiatement toute espèce de droit à une réclamation. Elle mettait en effet le destinataire qui re-doutait quelque avarie dans l'obligation soit de prendre immédiatement livraison de la marchandise et de perdre alors tout recours, soit de ne pas accepter les colis et de se trouver par là privé des objets qu'il contenait et dont il pouvait avoir grand besoin. Le destinataire avait sans doute le droit de faire procéder à une vérification immédiate. Mais la plupart du temps cette vérification est rendue aujourd'hui impossible, par suite du grand nombre des objets transportés et par la célérité nécessaire aux besoins du commerce qui doit être apportée dans l'exécution du transport.

Cet état de choses était encore acceptable avant l'institution de nos grandes Compagnies de chemins de fer. Comme le fait très bien remarquer M. Gaillard dans son rapport sur le projet de loi qui tendait à modifier les dispositions de l'article 105 (1), la création des chemins de fer est venue modifier la situation respective de l'expéditeur et du destinataire d'une part et du voiturier d'autre part. Au commencement de ce siècle, le voiturier était, à part quelques exceptions, un humble personnage. Le public qui traitait avec lui se composait en grande majorité de négociants capables de se faire rendre justice. Le transporteur était le faible, l'expéditeur était le fort et la loi remplissait son but en protégeant celui-là. Depuis lors la situation s'était modifiée. Au lieu du simple voiturier d'autrefois le destinataire trouve la plupart du temps une Compagnie de chemins de fer, riche, puissante et fortement organisée pour l'étude de ses affaires litigieuses. La loi n'était plus d'accord avec les faits et une réforme était nécessaire. La loi du 11 avril 1888 a donné sur ce point satisfaction aux réclamations faites par les différentes Chambres de commerce. Le nouvel article 105 concerne un mode d'ex-

____

(1) *Documents parlementaires*, avril 1887, p. 929.

tinction rapide des actions en responsabilité, en laissant cependant au destinataire le temps nécessaire pour vérifier ses marchandises. Il est ainsi conçu :

« La réception des objets transportés et le paiement du prix de la voiture éteignent toute action contre le voiturier pour avarie ou perte partielle si, dans les trois jours, non compris les jours fériés qui suivent celui de cette réception et de ce paiement, le destinaire n'a pas notifié au voiturier par acte extra-judiciaire ou par lettre recommandée sa protestation motivée. »

On voit d'abord par l'examen de cet article que seules y sont soumises les actions pour avarie ou perte partielle. Ce sont en effet les seules qu'il importait de signaler sans retard, afin qu'il puisse être établi facilement à qui ses détériorations sont imputables.

En outre, le destinataire peut, tout en recevant la marchandise expédiée et en payant le prix du transport, conserver son action. La loi, nous venons de le voir, accorde un délai de trois jours non compris les jours fériés pour vérifier les marchandises et adresser au transporteur s'il y a lieu une protestation.

Par conséquent, une protestation aura pu être faite cette année le 14 avril, jour de la réception des marchandises, jusqu'au 20 inclus, en ne tenant compte ni du dimanche ni du lundi de Pâques, jours fériés.

Cette protestation doit être faite par acte extra-judiciaire, c'est-à-dire par exploit d'huissier ou par lettre recommandée. L'acte extra-judiciaire est évidemment plus sûr que la lettre recommandée. Le transporteur ne pourra pas nier sa réception et son contenu.

La lettre recommandée peut cependant être plus utile pour le destinataire. Les frais en sont d'abord moins élevés et il n'y a pas la difficulté de trouver un huissier. Mais le principal avantage de la lettre recommandée est de permettre au destinataire d'utiliser complètement le délai de trois jours qui lui est accordé. Il y a, en effet, une règle de procédure qui veut que la notification par huissier parvienne au voiturier dans le délai de trois jours. Le requérant aura donc en moins le temps utile pour faire la notification. Il suffit, au contraire, que la lettre soit mise à la poste le dernier jour du délai. Aucun doute ne peut naître à ce sujet en présence des déclarations de M. Demôle au Sénat, qui, répondant à une observation, disait : « C'est la date de l'envoi de la lettre qu'il faut prendre en considération et s'il est établi par le récépissé de la poste que la lettre est partie pendant les délais accordés au destinataire, celui-ci aura pleinement satisfait à son obligation ».

Le seul risque que court le destinataire par suite de l'emploi de la lettre recommandée est, indépendamment de la mauvaise foi du transporteur qui nie avoir reçu la lettre, le cas où la lettre aura été perdue. Le destinataire pourra bien prouver dans les deux cas qu'il a envoyé une lettre au transporteur, par la production du récépissé délivré par la poste, mais rien ne pourra démontrer que cette lettre contenait une protestation.

La protestation doit être motivée, c'est-à-dire que l'on doit préciser les faits sur lesquels on fonde sa réclamation. Il importait en effet que le voiturier ne fût pas exposé à une multitude de réclamations sans objet.

Ainsi le destinataire qui a fait une protestation et a laissé écoulé le délai des trois jours ne pourrait plus, postérieurement,se prévaloir des prétendues avaries découvertes après sa première protestation.

D'après l'interprétation textuelle de l'article 106, l'exploit d'huissier et la lettre recommandée sont les deux seuls moyens admis pour protester valablement. La Cour de cassation est formelle en ce sens. La notification prescrite par l'article 105 du Code de com. ne saurait être remplacée par des réserves verbales au moment de la remise de la chose expédiée, (Cas 8 novembre 93, 25 février 1896, 23 mars 1897) (1). Il y a peut-être là une interprétation par trop rigoureuse de l'article 105. Comme le font remarquer MM. Lyon-Caen et Renault il ne s'agit, bien entendu, que de la protestation après livraison. « Le destinataire, disent-ils, peut protester au moment où les marchandises lui sont livrées comme il pouvait le faire avant les modifications apportées à l'article 105 par la loi du 11 avril 1888. Cette protestation n'était soumise à aucune force spéciale. Il en est toujours de même. Le législateur a voulu seu-

(1) Dalloz, 1894, 1, 167. — Dal., 1896, 1, 404. — D,1897, 1. 612.

lement empêcher les abus pour les réclamations postérieures à la réception des marchandises. »

Le texte est d'ailleurs, sur ce sujet, trop compréhensif
et empêche même d'appliquer la loi selon son esprit. Il
est en effet incontestable que la loi de 1888 a voulu que
l'acte de protestation présentât des garanties de date
certaine, afin d'éviter toutes sortes de procès sur la date
véritable, et que le voiturier soit fondé à repousser
toutes celles qui seraient faites par simple écrit ou ver-
balement. Mais du moment que celui-ci reconnaît non
seulement la date de la plainte ainsi faite, mais encore
que celle-ci a été faite dans les délais réglementaires, on
aurait dû pouvoir décider, d'après le texte de la loi, que
de pareilles démarches étaient recevables. Malheureusement, la rédaction de l'article 105 ne permet pas de
sanctionner des réserves ainsi faites.

En admettant que la protestation ait été régulièrement faite, à qui incombera le fardeau de la preuve ?
Est-ce au destinataire à prouver que la perte partielle
ou l'invarie est imputable au voiturier ? Est-ce, au contraire, à celui-ci à prouver que ces détériorations ont
eu lieu par suite de l'un des événements susceptibles de
l'exonérer. Il y a lieu de faire une distinction. Ce sera
d'abord au destinataire à prouver que la perte partielle
ou l'avarie existaient avant la livraison. Le fait par ce
dernier de prendre livraison met à sa charge l'obligation de prouver que l'avarie, dont il se plaint, s'est produite en cours du transport. Il n'y a là qu'une applica-

tion des principes généraux en matière de preuve. Le destinataire prétend que les marchandises ont été avariées avant qu'il en ait pris livraison. Le voiturier contestera évidemment ce fait. Ce sera alors au destinataire à prouver ce qu'il avance, conformément à l'article 1315 du Code civil. Il est difficile, en effet, de soutenir que le voiturier est responsable des marchandises pendant les trois jours qui suivront la livraison. Il n'y a aucune raison pour le dire. A partir de la livraison, le motif pour lequel le voiturier est présumé responsable des avaries survenues en cours de route n'existe plus. Il n'en est plus en effet dépositaire.

Cependant la Cour de cassation (S. 13 avril 1897) (1) a décidé que bien que le destinataire ait pris livraison des marchandises sans protestations ni réserve, il n'est pas pour cela seul présumé en faute en cas d'avarie. — Il lui suffit, pour que la présomption de faute pèse sur le voiturier, de démontrer que la marchandise est restée telle qu'il l'a reçue du voiturier.

En somme, cela revient bien à prouver que les avaries étaient antérieures à la réception.

Mais une fois la preuve de l'antériorité établie les choses sont remises au point où elles en étaient au moment de la livraison. Ce sera alors le voiturier qui sera présumé en faute et celui-ci aura à prouver l'existence de faits libératoires, sinon il sera condamné à des dommages et intérêts.

(1) Dalloz, 1898, 1, 144.

Malheureusement, le destinataire établira difficilement que les avaries sont antérieures à la réception des marchandises et il perdra, en fait, le bénéfice de la conservation de son action. Le destinataire aura cependant un moyen qui le mettra à l'abri des difficultés. Toutes les fois qu'il soupçonnera ses marchandises avariées, il devra procéder à une vérification immédiate des colis, les peser, ouvrir au besoin les caisses pour s'assurer du bon état de ce qu'elles contiennent. Si, par suite de cette vérification faite au moment même de la livraison, il découvre des détériorations ou des pertes partielles, celles-ci seront supposées s'être produites pendant le cours du voyage et le destinataire sera ainsi dispensé de la preuve si difficile à faire de l'antériorité des avaries.

Ce droit de vérification appartient toujours au destinataire. Certains voituriers ont prétendu que la loi de 1888 accordant un délai de trois jours pour protester après la réception des marchandises, les destinataires ne pouvaient plus réclamer cette vérification. Nous venons de voir qu'elle a cependant pour eux une grande importance et nous ne voyons pas pourquoi ce droit, qui leur était reconnu avant la loi nouvelle, leur serait refusé par cette loi faite principalement dans leur intérêt. Pour qu'une pareille prétention puisse être soutenue il aurait fallu qu'on ait imposé au destinataire l'obligation de recevoir la marchandise telle qu'elle était présentée, sauf à protester ensuite.

La question s'est cependant posée quelque temps à peine après la promulgation de cette loi et a été tranchée par la Cour d'Aix le 4 février 1889, (P. 1889, 2, 971) en faveur du destinataire.

« Considérant, dit cet arrêt que le droit de vérifier l'identité et l'état intérieur des colis à l'arrivée avant d'en prendre livraison est inhérent au contrat de transport et qu'il ne peut sérieusement être contesté aux destinataires.

« Qu'il appartient au destinataire de choisir entre deux modes de procéder également réguliers et d'une légalité absolue, ou bien vérifier avant d'en prendre livraison, ou bien accepter la livraison, sauf à protester et à réclamer dans le délai de trois jours. »

Une note anonyme sous cet arrêt approuve sans restriction cette décision. « Si le destinataire est tenu, au cas où il aurait reçu les marchandises sans vérification, de prouver que l'avarie dont il se plaint est antérieure à la livraison, on conçoit aisément qu'il est de son intérêt, pour échapper à la nécessité de faire cette preuve, de faire procéder à cette vérification avant de prendre livraison. »

Le voiturier devra prendre acte de la protestation du destinataire. S'il s'y oppose, le destinataire refusera de prendre livraison des colis et fera ordonner la vérification par le tribunal compétent, quitte à se faire attribuer des dommages et intérêts pour le préjudice qu'il a éprouvé de ce chef. Le destinataire devra en outre, pour se conformer aux décisions de la Cour de cassation, faire dans les trois jours une protestation motivée. D'après la jurisprudence de la Cour de cassation la loi de 1888 doit, en effet, s'appliquer non-seulement aux réclamations postérieures à la réception et au paiement du prix du transport, mais même aux réserves expresses et motivées faites au moment de la livraison (Cass., 16 avril 96, Dalloz, 1897, 414).

Nous avons vu que la rédaction nouvelle de l'article 105 supposait comme par le passé, l'existence de la réception du colis et le paiement des frais du transport pour que le voiturier pût invoquer la fin de non recevoir établie par cet article. Avant la loi de 1888, la jurisprudence, dans le but de protéger les expéditeurs et les destinataires contre la situation rigoureuse qui leur était faite par le Code de 1810, avait interprété la disposition de l'article 105 dans un sens aussi étroit que possible et n'admettait cette fin de non recevoir que pour les expéditions en port dû. Elle avait décidé que les deux faits libérataires devaient émaner du destinataire seul pour produire un effet valable. Le fait par le destinataire de payer le prix du transport et les frais accessoires était considéré comme étant le seul d'où l'on pouvait déduire la reconnaissance de la bonne exécution du transport. On était unanime à dire que l'ancien article 105 ne s'appliquait pas aux expéditions en port payé.

Doit-on faire le même raisonnement aujourd'hui ?

Nous n'hésitons pas à répondre affirmativement. Si l'on pouvait, en effet, avoir quelque doute sur la manière d'interpréter l'article 105 avant la loi de 1888, il nous semble que maintenant, il est difficile d'hésiter sur cette question. Cette loi a été édictée en faveur des destinataires. Il serait étrange qu'on arguât de cette loi pour leur refuser une faveur qu'ils avaient auparavant. En outre, il nous semble que c'est accuser le législateur de beaucoup de légèreté que de supposer que telle n'était pas son intention. Nous l'avons dit, on interprétait alors l'article 105 dans le sens le plus favorable aux destinataires. Comment supposer que les rédacteurs de la nouvelle loi aient entendu réformer cet usage alors qu'ils ne se sont pas expliqués sur ce point? Il nous semble même qu'en employant pour la rédaction de leur article les mêmes termes que ceux qui se trouvaient dans l'ancien article 105, en ne modifiant en aucun point l'ancienne formule et en mentionnant le paiement du prix de la voiture à côté de la réception des colis, les législateurs de 1888 ont entendu consacrer l'ancienne interprétation. Pour nous résumer, on voit que la seule réforme de la loi de 1888, en ce qui concerne l'article 105, a été de permettre au destinataire de conserver son action pendant un certain laps de temps et moyennant une protestation régulière après des événements qui, auparavant entraînaient une déchéance immédiate, mais que celle-ci n'a voulu innover en rien aux règles qu'on appliquait en dehors de cette hypothèse.

Afin d'éviter que ces dispositions ne deviennent pas lettre morte par suite des clauses que les voituriers et notamment les grandes Compagnies de chemin de fer auraient pu insérer dans leur contrat pour faire revivre la loi ancienne, l'alinéa final du nouvel article 105 déclare nulles toutes conventions qui accorderaient au destinataire un délai plus long que celui de la loi et celles qui lui refuseraient les trois jours pour protester. L'intérêt du commerce veut en effet, que ces questions soient traitées rapidement.

Disons, cependant, que cette règle n'est pas absolue. On peut, en effet, déroger à ces dispositions en ce qui concerne les transports internationaux. Les législateurs de 1888 ont voulu éviter ainsi de créer un obstacle aux conventions projetées et déjà en délibération entre les délégués des principaux Etats de l'Europe et qui ont abouti à la convention de Berne. Cette convention, dans ses articles 44 et 45, a adopté des règles toutes différentes des nôtres. Il y a lieu de distinguer entre les avaries apparentes et les avaries non apparentes. Dans le premier cas la déchéance est immédiate. Elle a lieu dès la réception de la marchandise et le paiement du prix du transport. Dans le second cas, le destinataire peut valablement réclamer pendant les sept jours qui suivront la réception. Cette convention prévoit également le délai pendant lequel le destinataire peut exercer une réclamation à raison du dommage qu'il a éprouvé par suite de retard dans l'exécution du transport et fixe ce délai à sept jours.

Notre article 105 n'a pas prévu le cas de retard. L'action en dommages et intérêts de ce chef sera donc soumise aux règles de la prescription établies par l'article 108 du Code de commerce, article qui a été également modifié par la loi du 11 avril 1888. Il n'y avait aucun inconvénient à laisser subsister ce cas de responsabilité plus longtemps que ceux dont nous venons de nous occuper. Il n'y a en effet aucune difficulté à établir un retard qui se prouvera par la date que le destinataire indiquera lorsqu'il signera le reçu des colis à lui expédiés.

Il y a également un autre cas de responsabilité qui n'est pas compris dans l'article 105 et ce par la force même des choses. Nous voulons parler de la perte totale. Il est en effet impossible de supposer que l'une des deux conditions exigées par l'article 105 ait été remplie, c'est-à-dire la réception des marchandises par le destinataire. Ces deux cas de responsabilité (retard ou perte totale), sont soumis, quant à leur durée, à l'article 108 du Code de commerce. Cet article a en effet compris dans son premier alinéa toutes les actions en responsabilité de la prescription. Il est ainsi conçu :

« Les actions pour avaries, pertes ou retard auxquelles peut donner lieu, contre le voiturier, le contrat de transport sont prescrites dans le délai d'un an, sans préjudice des cas de fraude ou d'infidélité ».

Cet article, tel qu'il est modifié par la loi du 11 avril 1888, offre au transporteur le grand avantage de forcer le destinataire ou l'expéditeur à agir promptement contre lui. S'il en était autrement le voiturier aurait été exposé pendant trente ans à leurs réclamations. La nouvelle disposition était d'ailleurs d'autant plus indispensable que le nouvel article 105 permet aux voituriers de conserver leur action en responsabilité, malgré la réception des marchandises et le paiement du prix de transport.

Cette prescription annale s'applique donc comme on le voit par la lecture du premier alinéa de l'article 108.

1° Aux actions pour perte totale ou pour retard.

2° A celles qui sont fondées sur des avaries ou des pertes partielles, lorsque ces actions auront été conservées, comme nous venons de l'exposer.

Il est hors de doute que cette prescription s'applique également en cas de perte de la marchandise, du moment que celle-ci était entre ses mains, sans qu'il y ait lieu de voir si elle a été perdue avant le commencement du transport ou en cours de route. C'est même une des innovations de la loi de 1888. La majorité des auteurs admettaient en effet qu'antérieurement à cette loi, il fallait prouver que la perte des marchandises était survenue pendant le transport. « Suffit-il au voiturier, disait M. Duverdy (1), pour se prévaloir du bénéfice de cet article (art. 108 ancien) de prouver que les objets réclamés lui ont été remis plus de six mois avant

(1) Contrat de transport. (De l'action en responsabilité, n° 114).

la réclamation ? Non. Il faut de plus qu'il prouve que les marchandises sont sorties de ses magasins et ont été expédiées. En effet, l'article 108 ne parle que des cas de perte et d'avaries, il ne parle pas du défaut d'envoi pour le voiturier ; et il est clair que par les cas de perte ou d'avaries, la loi veut parler de perte ou d'avaries survenues en cours du voyage et non pas d'une perte qui aurait eu lieu dans les magasins ou gares de l'entrepreneur de transports. » Cette distinction est conforme à la réalité des faits et nous l'admettrions encore aujourd'hui, si la généralité des termes de l'article 108, et les déclarations faites pendant les travaux préparatoires n'indiquaient clairement que le législateur a voulu adopter la solution opposée. On a dit, pour justifier cette décision, que le contrat de transport existait dès la remise des marchandises entre les mains du voiturier et tant qu'elles restent en sa possession une fois le transport effectué.

Il faut se garder néanmoins de généraliser par trop l'application du nouvel article 108. Cette prescription ne s'appliquera qu'aux réclamations pour pertes ou avaries survenues à des marchandises que le voiturier avait réellement à transporter. On ne doit pas appliquer cet article lorsque l'un des faits, susceptibles d'entraîner une responsabilité, est survenu à des marchandises que le voiturier avait consenti à garder à titre de dépôt momentané. C'est ce qui peut se produire, par exemple, quand un expéditeur remet, dans les magasins d'une Compagnie de chemins de fer, successivement différentes marchandises jusqu'à ce qu'il y ait une assez grande quantité pour qu'elles puissent être avantageusement expédiées par wagon complet. La même décision doit s'appliquer aux réclamations formées pour perte ou avaries survenues à des colis déposés en consigne. Il y a dans ces hypothèses un contrat spécial qui ne se rattache en rien au contrat de transport. C'est un simple dépôt. Les Compagnies de transport ne sauraient donc se prévaloir de la prescription de l'article 108 pour repousser l'action du déposant qui aura, conformément au droit commun, trente ans pour agir utilement contre le dépositaire.

Il y a également lieu d'écarter la prescription annale lorsque le retard, l'avarie ou la perte auront été accompagnés de fraude ou d'infidélité (art. 108, 1er alinéa). C'est alors la prescription de cinq ans qu'il faut appliquer conformément au deuxième alinéa de l'article 108.

Faisons toutefois remarquer que la prescription serait réduite à trois ans conformément à l'article 638 du Code d'instruction criminelle, si la fraude ou l'infidélité consistait en un délit punissable des peines correctionnelles.

Cette prescription annale a un point de départ qui varie nécessairement suivant la nature du fait qui donne lieu à l'action en responsabilité. En cas de perte, la prescription court à compter du jour où la livraison aurait dû être faite au destinataire. Ce sera au juge à déterminer ce moment d'après les circonstances du transport. En cas de perte partielle, d'avarie ou de retard, le délai de prescription commence à courir du jour où les marchandises ont été remises au destinataire.

Il y a dans cette partie de l'article 108, relative au point de départ de la prescription, un vice de rédaction qui conduit quelquefois à un résultat bizarre. Supposons, par exemple, qu'à l'expiration des délais accordés pour l'exécution du transport le voiturier n'a pas effectué la livraison des marchandises expédiées. Une année s'est écoulée. Toute action en responsabilité est alors prescrite et le voiturier sera définitivement libéré. Si, à ce moment, le voiturier retrouve le colis qui était simplement égaré, il aura tout intérêt à ne pas en faire part au destinataire. La livraison qu'il effectuerait alors aurait pour effet de faire naître contre lui une action en responsabilité pour le retard qu'il a apporté dans la livraison, alors que l'action pour perte de la même marchandise est prescrite. Il nous semble qu'il eut été plus logique de dire que la prescription courrait à dater du jour où la marchandise a été livrée ou aurait dû l'être sans faire toutes les distinctions de l'art. 108.

Ces dispositions de l'article 108 s'appliquent indistinctement à tous les transports de marchandises. Il n'y a pas lieu de faire de distinction entre la qualité des personnes qui ont pris part au contrat. Peu importe qu'elles soient commerçantes ou non. Le mot marchandise employé par l'art. 108 est évidemment pris pour désigner non pas seulement les choses qui peuvent faire l'objet d'un commerce mais encore tous les objets susceptibles d'être transportés. Marchandises correspond ici aux mots objets transportés et choses qu'emploient les art. 105 du Code de commerce et les articles 1782 et 1784 du Code civil. MM. Lyon-Caen et L. Renault déclarent les articles 105 et 108 inapplicables aux voituriers non commerçants. Ils fondent leur opinion sur ce que le Code de commerce n'a pu avoir en vue que l'entreprise de transport, qui constitue seule un acte de commerce, à la différence des opérations isolées de transport. — Mais ils reconnaissent que ces articles s'appliquent à toutes les choses transportées, comme aussi quelle que soit la profession de l'*expéditeur* ou du *destinataire*.

Il est, en outre, indiscutable que l'article 108 s'applique aussi bien aux expéditions en port dû qu'aux expéditions en port payé. L'article 108 ne parle en effet que de la livraison des marchandises sans mentionner le paiement du prix de transport. La prescription s'accomplirait donc quand bien même le voiturier aurait livré les marchandises sans se faire payer les frais du contrat et ceux qui en ont été la conséquence.

Nous avons signalé la défense faite par le législateur de modifier — sauf pour les transports internationaux — les délais fixés par l'article 105 en ce qui concerne la fin de non recevoir établie par cet article. Mais l'article 108 ne contient aucune disposition semblable. Que faut-il décider à cet égard. S'il s'agit d'une convention stipulant un délai plus long pour la prescription, nous pensons qu'elle serait nulle. Ce serait violer les dispositions de l'article 2220 du Code civil qui ne permet pas de renoncer à la prescription acquise. Mais en serait-il de même s'il s'agissait d'abréger le délai de la prescription. Pendant la discussion de la loi du 11 avril 1888 une proposition avait été faite à la Chambre des députés, déclarant nulles toutes stipulations contraires à la loi nouvelle. Elle fut supprimée comme inutile sur l'affirmation du rapporteur du Sénat que l'article était suffisamment protégé par la règle générale de l'article 2220. Mais cette déclaration du rapporteur n'est vraie qu'en ce qui concerne une plus longue prescription ; il a toujours été reconnu que les parties étaient libres au contraire d'abréger la durée de la prescription qui libère plutôt le débiteur. Cette erreur du rapporteur ne peut, en aucune façon, modifier l'état de choses antérieur à la loi de 1888 ; aussi la Cour de cassation a-t-elle, à bon droit, décidé qu'il eût fallu une disposition formelle de la loi (4 décembre 1895) (1).

Terminons en faisant remarquer que la prescription soit d'un an, soit de cinq ans, est libératoire et non acquisitive. En conséquence, un voiturier qui retrouve-

(1) D. 1896, 1, 241.

rait après la prescription des marchandises qu'on avait cru perdues n'en deviendrait point propriétaire. D'ailleurs, comme le fait ramarquer M. Lyon-Caen, dépositaire il ne détenait qu'à titre précaire et ne pouvait prescrire.

DEUXIÈME PARTIE

Transport des personnes.

CHAPITRE PREMIER

RÈGLES GÉNÉRALES SUR LE CONTRAT DE TRANSPORT DES PERSONNES

Nous avons vu, en commençant cette étude, que chaque fois qu'un voiturier s'engageait à transporter d'un lieu dans un autre, moyennant un prix déterminé, des personnes ou des choses, il se formait un contrat de transport.

Comme dans le contrat de transport des marchandises, il y a dans celui de transport des personnes contrat entre un voiturier et la personne qui veut se faire transporter. C'est un contrat synallagmatique créant des obligations pour le voiturier tenu d'effectuer le transport et pour le voyageur qui doit en payer le prix. Mais ici, il n'intervient jamais de troisième personne ; le voyageur traite pour lui-même. On ne comprendrait pas que le voyageur fût destiné à quelqu'un.

Aucune forme n'est exigée pour la formation du contrat. Celui-ci participe du louage comme le transport des marchandises. L'article 1779 ne fait aucune distinction : il considère comme une espèce de louage d'ouvrage et d'industrie l'engagement des voituriers qui se chargent du transport des personnes ou des marchandises. Mais ici une remarque s'impose : il n'y a pas seulement un louage de services, mais aussi un louage de choses dans le transport des personnes. Troplong (1) fait toucher du doigt ce point. Vous retenez une place dans tel compartiment d'une diligence ou dans un wagon ou dans un bateau à vapeur. Cette place ne vous est-elle pas louée ? N'avez-vous pas tout l'usage qui est compatible avec ce genre de choses ? Oui, sans doute. A côté de l'opération principale qui est une entreprise de transport, c'est-à-dire un louage de services, il se trouve un louage de choses employé comme moyen pour rendre plus commode le transport de la personne. Le voyageur a droit à telle place et non à telle autre plus gênante. Nul ne peut l'occuper à son détriment ; la jouissance lui en appartient pour tout le trajet : « La personne veut une position autre que celle de la chose passivement voiturée ; c'est la suite de l'idée d'appropriation qui est tellement inhérente à l'homme qu'il la transporte dans les opérations les plus éphémères. »

Ce contrat de louage de choses qui apparaissait d'une

____

(1) *Traité de louage* déjà cité.

manière indiscutable dans le transport par diligence où chaque place était numérotée, existe encore aujourd'hui dans tous les modes de transport, et notamment dans les transports par chemin de fer. Sans doute il n'y a plus là de places déterminées à l'avance. Celle qui est louée au voyageur par la Compagnie, au moment du paiement du prix, est une des places quelconques mises à la disposition du public. Mais ce qui montre bien qu'il y a encore ici un louage de choses, c'est que les Compagnies perçoivent un prix plus ou moins élevé suivant que la personne voyage en 1re, 2e ou 3e classe. En outre, une fois la place choisie, la Compagnie doit en assurer la paisible possession et si pendant l'absence du voyageur une autre personne vient à occuper la place qu'il avait eu la précaution de marquer, les agents de la Compagnie doivent prêter leur concours à la personne dépossédée. Outre une circulaire ministérielle du 17 mai 1889 (1), on trouve des décisions judiciaires en ce sens. Elles sont conformes à la situation juridique qui résulte de la nature même du contrat.

Nous avons constaté que le contrat de transport des marchandises participe aussi du dépôt ; il n'en peut être de même du transport des personnes. Le motif qui a fait assimiler par le législateur les obligations du voiturier à celles de l'aubergiste pour la garde et la conservation des marchandises n'existe point pour le transport

(1) *Bulletin des chemins de fer*, année 1889.

des personnes. On ne peut faire un dépôt des personnes, êtres intelligents et libres, actifs par conséquent. Il ne s'agit point d'une question de sentiment, d'invoquer la dignité de la personnalité humaine, mais de constater une réalité ; on dépose un colis, une caisse ; on ne peut faire le dépôt d'un homme qui peut se mouvoir à volonté. Aussi l'article 1915 du Code civil définit-il le dépôt : « un acte par lequel on reçoit la *chose* d'autrui, à la charge de la garder et de la restituer en nature ».

Le contrat de transport des personnes constitue un acte de commerce pour l'entrepreneur de transport (art. 632 du Code de commerce). Ici aucune différence avec l'entrepreneur de transport des marchandises. Il ne peut constituer un acte commercial pour le voyageur que si celui-ci voyage pour les besoins de son commerce, en vertu de la théorie de l'accessoire.

Aucune règle n'a déterminé, comme pour le transport de marchandises, la forme d'un écrit destiné à prouver l'existence du contrat. En général il est délivré par les chemins de fer ou par les Compagnies de navigation un billet. C'est une question dont nous n'avons pas à nous occuper de savoir si ce billet est cessible ou non.

CHAPITRE II

OBLIGATIONS DU VOITURIER. — SA RESPONSABILITÉ A RAISON

DES ACCIDENTS ARRIVÉS AU VOYAGEUR

La loi n'a pas défini quelles sont les obligations du voiturier qui transporte des personnes. Il suffit de jeter les yeux sur les dispositions des articles du Code civil et du Code de commerce, relatifs au voiturier, pour constater qu'ils n'ont pas été édictés pour le transport des personnes. Ainsi dans l'article 1784, il est parlé de la *perte* et des *avaries* des *choses* qui sont confiées au voiturier ; l'article 103 Code com. dit que celui-ci est garant de la *perte des objets ;* il est aussi garant des avaries autres que celles qui proviennent du vice propre *de la chose.* Les auteurs sont d'accord pour reconnaître qu'il ne faut donc point chercher dans ces textes les règles concernant les obligations et, par suite, la responsabilité du voiturier, à raison du transport des personnes. Mais quelles sont les règles à suivre ?

La nature du contrat devrait permettre de le décider. A défaut des règles spéciales, « les contrats, soit qu'ils aient une dénomination propre, soit qu'ils n'en aient pas, sont soumis à des règles générales (1107 C. c.). Mais on est loin de s'entendre sur la nature du contrat de transport des personnes. On reconnaît bien pour le voyageur l'obligation de payer son prix ; pour le transporteur celle de faire parvenir à destination le voyageur, comme il est tenu de faire parvenir la marchandise au destinataire. Mais tandis que tout le monde reconnaît que si la marchandise n'est pas remise ou est livrée avariée au lieu de destination, le voiturier en est responsable, parce qu'il n'a pas rempli son obligation, on discute avec ardeur la question de savoir si l'obligation du voiturier consiste à transporter le voyageur *en bon état* au lieu de destination. En un mot, les uns affirment que le voiturier s'engage à garantir la sécurité du voyageur, les autres qu'il ne prend en aucune façon un tel engagement.

La solution de cette difficulté présente un grand intérêt en cas d'accident arrivé au voyageur. Si le voiturier est tenu de l'obligation de sécurité, l'accident sera considérée comme une inexécution de cette obligation. Au contraire, si le voiturier n'a pas promis sécurité au voyageur, celui-ci, victime d'un accident, ne pourra pas invoquer son contrat. Sa situation différera profondément suivant que l'on adoptera l'une ou l'autre de ces deux théories. Les dommages-intérêts ne se calculeront pas de la même manière. La charge de la preuve n'incombera pas à la même personne dans les deux hypothèses. En effet, lorsqu'une personne allègue qu'un contrat n'a pas été exécuté, et qu'elle en a éprouvé un préjudice, c'est au débiteur, qui prétend ne devoir aucune indemnité, à prouver le cas fortuit ou la force majeure. Au contraire, quand une faute délictuelle est alléguée, c'est à celui qui prétend avoir été lésé à démontrer l'existence de la faute.

Quand la cause de l'accident dont un voyageur est victime est connue, aucune difficulté ne s'élève. Il n'y a aucune utilité à savoir si la responsabilité encourue est délictuelle ou contractuelle. En effet, l'accident est-il dû à une faute du voiturier ou d'un de ses préposés, il est clair que le voiturier devra indemniser le voyageur, qu'il y ait ou non contrat ; qu'on adopte le système de la responsabilité délictuelle ou de la responsabilité contractuelle, cela importe peu.

Si, au contraire, il résulte des circonstances que le voyageur est victime de sa propre imprudence, de sa propre faute, aucune difficulté non plus. Dans l hypothèse de la responsabilité délictuelle le voiturier ne pourrait être rendu responsable, puisqu'on ne pouvait établir une faute à sa charge ; mais il ne le serait pas non plus dans le système contractuel puisque l'inexécution de son obligation proviendrait d'une cause qui lui est étrangère (1147 C. c.).

Mais il s'en faut que dans la plupart des accidents la responsabilité soit si nettement fixée. C'est pour ces cas nombreux, où il y a doute, qu'il importe de savoir à qui incombera la charge de prouver la faute de l'autre partie ou tout au moins la charge de la faute majeure.

D'après ce que nous avons déjà dit on voit quel intérêt peut avoir un voyageur blessé à être traité suivant l'une ou l'autre doctrine.

Nous allons maintenant résumer successivement chacun des deux systèmes :

I. *Responsabilité délictuelle.*

Le système de la responsabilité délictuelle a été nettement exposé dans un arrêt de la Cour de cassation du 10 novembre 1884 (1).

Vu son importance, nous croyons devoir en reproduire les considérants :

« Attendu qu'en déclarant dans l'article 1784 les voituriers responsables de la perte et des avaries des choses qui leur sont confiées, à moins qu'il ne prouvent qu'elles ont été perdues ou avariées par cas fortuit ou de force majeure, le législateur a clairement indiqué, par les expressions mêmes dont il s'est servi, qu'il ne s'occupait que du transport des choses et marchandises et non du transport des personnes.

« Attendu que la règle édictée par cet article 1784 n'est que l'application au dépôt nécessaire de la chose transportée entre les mains du voiturier, du principe général posé dans les articles 1302 et 1315 du même Code sur la preuve de la libération, principe d'après lequel le voiturier doit, comme tout autre dépositaire d'un corps certain, le rendre en bon état à celui qui le lui

(1) Sirey, 85, 1, 129. — Dalloz, 85, 1, 433.

a remis, ou bien justifier de l'extinction de son obligation, par paiement ou par cas fortuit ou force majeure.

« Attendu que ce principe ne saurait être appliqué au transport de personnes, par rapport auxquelles les règles de la responsabilité civile sont exclusivement fixées par les articles 1382 et suivants du Code civil. »

Malgré les très vives critiques qui ont été dirigées contre cet arrêt, critiques sur lesquelles nous reviendrons, la Cour de cassation a maintenu sa jurisprudence. Bien mieux, certaines Cours d'appels, notamment celles de Paris, et le tribunal de commerce de la Seine, qui avait, par des décisions répétées, protesté contre cette jurisprudence, ont fini par s'y rallier. Citons les arrêts de la Cour de Paris du 27 juillet 1894 (1), 30 janvier 1895 (2) et la décision du tribunal de commerce du 27 mai 1895 (3) qui proclament à leur tour que l'article 1784 C. c. doit rester étranger dans son esprit comme dans sa lettre à la responsabilité des voituriers à l'occasion des accidents de personne.

Il convient même de reproduire les considérants d'un autre arrêt de la Cour de Paris du 26 décembre 1894, car ils ont pour objet de répondre aux critiques dirigées contre l'arrêt de la Cour de cassation que nous avons reproduit. « On objecte, dit l'arrêt, que la disposition de l'article 1784, loin d'être exceptionnelle ne serait,

(1) D. 95, 1, 63.
(2) D. 95, 2, 496.
(3) *Droit*, 27 juin 1895.

au contraire, que l'application à un cas particulier des règles générales du droit sur l'extinction des obligations, règles qui obligent le débiteur à prouver sa libération, ou, s'il n'est pas libéré, à établir qu'il en a été empêché par un cas fortuit ou force majeure.

« Mais, considérant que l'action introduite a uniquement pour cause un délit ou un quasi délit dont elle aurait été victime (1) ayant pour objet la réparation du préjudice qu'elle aurait subi ; qu'il s'agit pour elle du paiement non d'une dette contractuelle, mais d'une indemnité dont est tenu directement et personnellement à son égard l'auteur du délit ou quasi-délit, qu'il soit ou ne soit pas le voiturier avec lequel il a contracté ; qu'en conséquence, ce n'est pas aux règles relatives à l'inexécution des contrats qu'il faut recourir pour établir à qui doit incomber la responsabilité, mais exclusivement au principe général du droit qui met à la charge du demandeur la preuve de tout fait sur lequel il entend fonder une action en indemnité.

« Considérant, d'ailleurs, que ce serait étendre la portée du contrat intervenu entre le voyageur et le voiturier au delà des prévisions des parties que de supposer au premier l'intention d'imposer aux voituriers les risques du voyage qui y seraient étrangers et au second celle de les prendre à sa charge. »

(1) Il s'agissait d'une personne qui, étant dans une voiture de la Cie des Omnibus, avait été blessée par le brancard d'une autre voiture.

On peut donc dire qu'aujourd'hui la jurisprudence française adopte la théorie de la responsabilité délictuelle du voiturier. C'est une affirmation devenue de style maintenant que celle consignée dans le considérant suivant d'un arrêt de la Cour de Douai du 4 mai 1897 (1) : « l'obligation pour une Compagnie de transport d'indemniser le voyageur blessé au cours de route ne découle pas du contrat de transport ; elle naît *ex delicto* et est régie par les articles 1382 et suivants du Code civil.

Si la théorie de la Cour de cassation a été vivement critiquée, elle a trouvé d'ardents défenseurs. M. Féraud Giraud-Giraud dans son Code des transports (2), Guillouard (3), Albert Zens, Féolde (4), estiment également que la responsabilité du voiturier, quant aux accidents arrivés aux voyageurs, doit être réglée par les articles 1382 et suivants du Code civil. Les arguments qu'ils invoquent en faveur du système de la responsabilité délictuelle se trouvent déjà formulés dans les arrêts que nous avons cités ou reproduits. Ils peuvent se résumer ainsi : les textes s'opposent à une assimilation entre ces deux genres de contrats : transport des choses et transport des personnes. Sur ce point ils ont cause

(1) D. 1898, 2, 312.

(2) Tome III, n° 4, 5, 6,

(3) *Traité du contrat de louage.* — Albert Zens, *De la responsabilité du voiturier*, p. 124.

(4) *Des transports par chemins de fer*, p. 313.

gagnée, car ils n'ont point de contradicteur. Mais ils ajoutent : peu importe que les textes relatifs au contrat de transport des marchandises soient l'applications des principes généraux en matière de contrat ; il y a, dans le transport de marchandises, un élément qui fait défaut dans le contrat de transport des personnes, c'est l'élément dépôt : « L'homme ne peut faire *l'objet* d'un contrat de dépôt. Il est le *sujet* des droits ; il n'en est pas l'objet (1). » C'est ce que disait un des considérants d'un arrêt de la Cour de Paris du 4 avril 1894 (2) : « Considérant... qu'aux termes de l'article 1784 du Code civil, le voiturier est responsable de la perte et avarie des choses qui lui sont confiées, à moins qu'il ne prouve qu'elles ont été perdues ou avariées par cas fortuit ou force majeure ; que les voyageurs n'étant pas susceptibles de se perdre ou de s'avarier, l'extension de cet article à leur cas répugne au sens même des termes ; que la garde, telle qu'elle est imposée au voiturier par l'article 1784, découle de l'idée du dépôt dont les choses seules peuvent faire l'objet et non les personnes. »

D'ailleurs parler de stipulation de garantie implicitement contenue dans le contrat de transport des personnes, n'est-ce pas ajouter au contrat, le transformer même complètement. Ce point a été mis en lumière avec force dans des conclusions données par le procureur général près la Cour de cassation de Bel-

(1) Zens, *De la responsabilité du voiturier*, p. 134.
(2) *Droit*, 24 mai 1894. — Sirey, 1895, 2, 143.

gique, dans une affaire où les deux systèmes de responsabilité se trouvaient en jeu : « Ce qui est certain, disait
l'éminent magistrat, c'est que l'accident n'est pas entré
dans les prévisions des parties, et que pour le plaignant
c'eut été une précaution bien superflue que de stipuler
une immunité corporelle d'être transporté sain et sauf,
et que, au cours du voyage, il ne lui serait causé, par
négligence ou autrement, aucune lésion. Le droit
commun suffit amplement au règlement de ces éven-
tualités, et la prévoyance de la loi est là qui stipule
pour les parties, articles 1382 et 1384. La vigilance et la
perspicacité des intéressés n'y ajouteraient rien de plus.
Ce sont là des engagements qui se forment sans qu'il
intervienne aucune convention, de la part soit de
celui qui l'oblige, soit de celui envers qui il est obligé ;
il suffit d'un fait personnel à l'auteur du dommage
(art. 1370). Lorsque le voiturier blesse ou tue un
voyageur par son imprudence, il contrevient au devoir
qui, en vertu de la loi commune, pèse sur tous les ci-
toyens, indépendamment de tout lien contractuel, et
qui garantit la sécurité de chacun contre notre impré-
voyance et notre maladresse (1). »

Quelle que soit la valeur de cette argumentation, de
nombreux auteurs se sont élevés contre le système de
la responsabilité délictuelle, par suite de l'injustice de
ses conséquences à l'égard des voyageurs. Laisser, en

(1) V. Sirey, 1894, 4, 7.

effet, la charge de prouver la faute des riches entrepreneurs de transports, des puissantes compagnies de chemins de fer, aux voyageurs victimes des trop nombreux accidents qu'entraîne le développement incessant de nos voies de communication, c'est en réalité laisser à leur charge presque tous ces accidents. Cette injustice ne pouvait échapper aux partisans de la responsabilité délictuelle et aux tribunaux qui en faisaient l'application. Ils ont essayé d'y remédier. Ils refusent de reconnaître l'obligation pour le voiturier de garantir la sécurité des voyageurs, mais ils lui imposent celle de les faire parvenir à destination dans les meilleures conditions possibles. Le transporteur ne doit commettre aucune faute de nature à compromettre leur sécurité. Il doit connaître et observer toutes les règles de la profession, suivre strictement tous les règlements que l'autorité publique a élaborés en vue de protéger la vie des voyageurs ; il doit exercer sa profession selon les règles de l'art, *spondet peritiam artis*. Cette idée nous paraît assez nettement formulée dans un arrêt de la Cour de Paris du 4 avril 1894 (1), déjà mentionné. Après avoir nié que les Compagnies de voiture fussent tenues de l'obligation de sécurité, l'arrêt ajoute : « Ces Compagnies dont l'obligation consiste à transporter les voyageurs d'un point à un autre, dans un délai déterminé, avec *toutes les garanties de prudence et de sécurité prescrites*

______

(1) (*Droit*, 24 mai 1894), et Sirey 1896, 2, 143.

par les lois générales et les règlements spéciaux à l'industrie des voitures, tant par rapport aux voitures qu'aux chevaux et à ceux qui les conduisent... »

On ne peut nier, qu'en ce qui concerne les chemins de fer, tout au moins, de très nombreux règlements existent, interprétés par d'innombrables circulaires ministérielles, ayant tous pour but de diminuer le nombre des accidents, et permettant d'en rapidement connaître les causes. Sans doute quand le voyageur se trouvera en présence d'une violation de ces règlements, d'une négligence à leur égard, sa situation sera plus favorable. Il lui faudra cependant arriver à démontrer qu'il y a un lien entre le préjudice qu'il aura éprouvé et l'inobservation des règlements. Cette preuve sera presque toujours difficile à faire, le voyageur se trouvant dans une situation défavorable à l'égard du voiturier. Il semble à première vue qu'il est naturel de ne pas rendre celui-ci responsable d'un accident dont la cause est inconnue, puisqu'après tout ce serait condamner un innocent peut-être. Mais on ne remarque pas assez que, s'il n'y a peut-être pas faute de l'entrepreneur de transport ou de ses préposés, il y a encore moins faute de la part de la victime. Les conséquences de la théorie de la responsabilité délictuelle du voiturier sont donc défavorables aux voyageurs, c'est-à-dire en réalité au plus grand nombre, au public. C'est là le reproche que ne pourront jamais réfuter les partisans du système de la responsabilité délictuelle.

II. *Responsabilité contractuelle.*

Aussi un grand nombre d'auteurs et des plus considérables ont-ils refusé de s'incliner devant le système consacré par la jurisprudence. Parmi eux nous devons d'abord citer l'ancien ministre belge, M. Sainctelette (1), qui a présenté son opinion sous la forme la plus séduisante. « Puisque, dit-il, de l'avis unanime, le transport des choses forme l'objet d'un contrat ; que, par ce contrat, le voiturier se rend garant de l'heureuse arrivée de la chose, et que, en cas d'inexécution de cette obligation conventionnelle, c'est au voiturier à prouver que la cause lui en est étrangère et ne peut lui être imputée, il semble que ce soit porter outrage à la mémoire de M. de La Palisse d'exprimer ces propositions de droit : le transport des personnes forme l'objet d'un contrat ; par ce contrat le voiturier se rend garant de la sûreté du voyageur pendant le voyage et du chef de voyage ; en cas d'inexécution de cette obligation conventionelle, c'est au voiturier de prouver que l'accident de transport dont se plaint le voyageur provient de quelque cause étrangère qui ne lui est pas imputable : cas fortuit, force majeure, défaut de prévoyance ou de précaution du voyageur. » Et le savant auteur ajoute que « la règle écrite dans le texte de l'article 1784 n'est pas, comme

(1) *De la responsabilité et de la garantie,* p. 88.

Lejeune   6

expression de la volonté du législateur, applicable aux personnes, puisqu'elle ne parle que des choses ; mais comme précepte de raison, comme principe de droit naturel, elle a été tacitement adoptée par le législateur, en vertu de l'article 1135, et elle régit le transport des personnes avec la même énergie que le transport des choses ».

Où serait la raison de distinguer entre le voyageur et son bagage, de refuser à la personne la protection et la défense qu'on reconnaît devoir au colis ? C'est ce que dit aussi M. Sourdat (1) : « L'article 1784 qui rend les Compagnies responsables de l'avarie ou de la perte des objets qu'elles transportent, à moins qu'elles ne prouvent le cas fortuit et la force majeure, s'applique à *fortiori* au transport des personnes. La protection due à celle-ci ne peut être moindre que celle que l'on accorde aux marchandises ».

M. Lyon-Caen, dans une note sous l'arrêt de la Cour de cassation de 1884 que nous avons déjà cité (2), dit également : « Il est incontestable qu'un contrat intervient entre la Compagnie de chemin de fer et le voyageur, et que, par suite, l'action en dommages-intérêts exercée en raison d'un accident arrivé à celui-ci est fondée sur une faute contractuelle. Pourquoi donc ne pas appliquer les principes généraux au transport des

---

(1) *Traité général de la responsabilité*, tome II, n° 1058.
(2) Sirey, 1885, 1 1 29.

personnes ? Y a-t-il des motifs quelconques d'y déroger par ce contrat ? Nous ne les apercevons pas. On peut même, à titre de considération, dire qu'il serait singulier que la vie des personnes ne fût pas, en matière de transport, aussi énergiquement protégée par la loi que les marchandises. C'est à ce résultat singulier qu'aboutirait la doctrine de la Chambre civile. Avec elle une condamnation à des dommages-intérêts serait bien plus difficile à obtenir à raison de la mort d'un voyageur ou de blessures reçues par lui, qu'à raison de la perte ou des avaries des marchandises.

A propos du même arrêt de la Chambre civile, M. Louis Sarrut, aujourd'hui avocat général à la Cour de cassation, critique non moins vivement le système adopté par elle (1). Et il termine en disant que « c'est interpréter sainement la loi que de dire, comme l'ont fait la Cour de Paris (27 novembre 1866) (2) et la Cour supérieure de justice du Luxembourg (2 août 1887) (3), que les dispositions des articles 1784 C. c. et 183 C. com. s'appliquent *a fortiori* au transport des personnes.

C'est aussi la même opinion qu'exprime M. Baudry de Lacantinerie. L'article 1784, dit-il, ne fait qu'appliquer au transport des marchandises les règles générales en matière de contrat ; il est dès lors non seulement inutile, mais dangereux, puisque c'est grâce à lui que

(1) Dalloz, 1885, 1, 433.
(2 et 3) Cités et reproduits sous la note précitée de M. Sarrut.

les controverses a propos du transport des personnes
ont pu naître (1). M. Thaller estime, lui aussi, que les
dispositions légales édictées en vue du transport des
marchandises sont applicables au transport des personnes.

Récemment M. Esmein (2) donnait son adhésion au
système de la responsabilité contractuelle en des termes
qui posent nettement la nature de l'obligation du voiturier : « La théorie qui fait dériver directement du
contrat de transport l'obligation spéciale d'assurer la
sécurité du voyageur, obligation qui se traduit comme
étant celle de restituer le voyageur sain et sauf à lui-
même au sortir du voyage, se conçoit parfaitement. C'est
bien en effet le corps du voyageur que l'entrepreneur
de transport s'est engagé à transporter intact et dans de
certaines conditions d'un lieu dans un autre. C'est
l'objet direct et principal du contrat (3)».

Il semble en effet conforme à la logique des choses
de ne pas accorder une protection moindre aux voyageurs qu'aux marchandises. Comment admettre en effet
que le voiturier soit tenu de veiller à la *sécurité* des ba-

(1) Baudry-Lacantinerie et Wall, *Du contrat de louage*, 2ᵉ vol.,
nᵒ 1631.

(2) Sirey, 1897, p. 20.

(3) Voir cependant en sens contraire une décision du 19 novembre
1885 du tribunal de la Seine (Loi du 5 février) citée par MM. Lyon-
Caen et Lyon-Renault ; cette décision dit qu'il y alors 2 *contrats
distincts.*

gages d'un voyageur, mais non à la sécurité du propriétaire des bagages. Il convient d'observer qu'il est généralement admis que quand un voyageur est transporté avec des bagages, il n'est formé qu'un seul contrat de transport, celui de transport des personnes, le transport des bagages suivant le premier en vertu de la théorie de l'accessoire. Or, tout le monde reconnaît que les règles appliquées aux marchandises doivent l'être aux bagages.

Ainsi que nous l'avons signalé, les Cours et tribubunaux se sont, depuis 1895, unanimement prononcés en faveur de la théorie de la responsabilité délictuelle consacrée par l'arrêt de la Cour de cassation du 10 novembre 1884. Les décisions ou arrêts des tribunaux qui avaient adopté la théorie de la responsabilité contractuelle n'ont, pour ainsi dire, qu'un intérêt historique. Il convient cependant de remarquer que la résistance a été longue et parfois énergiquement motivée. Sans parler de la Belgique où la question ne se pose plus, ayant été réglée par une loi que nous étudierons dans la troisième partie de ce travail, mais où, dès 1859, la Cour de Bruxelles, par un arrêt du 26 mars (1), décidait que le contrat de transport des personnes était régi par l'article 1784 du Code civil, et maintenait la même opinion, le 17 octobre 1885 (2), un an environ après l'arrêt de notre Cour suprême, on peut citer non seule-

(1) *Pasicrisie belge*, 1860, 2, 102.
(2) *Pasicrisie*, 1889, 2, 58.

ment de nombreux jugements du tribunal de commerce
de la Seine, mais des arrêts des Cours d'Ax, de Paris.
Nous trouvons parmi les jugements du tribunal de
commerce ceux des 27 février 1891 (1), 21 juin 1893 (2),
21 février 1894 (3). — Tous décident que le voiturier,
par son contrat s'est engagé à transporter le voyageur
en veillant à sa sécurité et à le déposer sain et sauf à
l'endroit désigné par lui, et que, par suite de l'accident,
le contrat n'a pas reçu complète exécution. — Il y a
lieu de mentionner aussi l'arrêt du 23 juillet 1894 (4),
qui semble avoir été la dernière cartouche tirée par la
7ᵉ Chambre en faveur de la responsabilité contractuelle.

On ne saurait nier que le système de la responsabilité
contractuelle soit plus favorable aux voyageurs.

En effet, chaque fois que la cause de l'accident ne
pourra pas être établie, ce sera au voiturier, à qui incombe la charge de prouver qu'il n'est pas en faute,
d'en supporter les conséquences, ce qui, après tout, est
plus conforme à l'équité.

L'avantage ainsi accordé au voyageur est cependant
tout à fait théorique, n'étant point consacré par la
jurisprudence des Cours et des tribunaux.

Cette répugnance invincible de la jurisprudence à

(1) *Le Droit*, 10 mars 1889.
(2) *Le Droit*, 19 juillet 1894.
(3) *Pandectes françaises*, 1895, 2, 36.
(4) Dalloz, 1896, 1, 63.

l'égard du système de la responsabilité contractuelle peut s'expliquer. En dépit de ses conséquences plus équitables, il laisse sans réfutation une objection sérieuse de ses adversaires. Il existe, en effet, nous l'avons déjà signalé en commençant un élément dans le transport des personnes, c'est l'élément dépôt. Si le voiturier est absolument responsable du sort des marchandises qui lui sont confiées, c'est qu'il en a la *garde*. Or, le voiturier n'a pas la garde du voyageur qui est lui-même son propre gardien. Il est à mesure de prendre certaines précautions ou de commettre certaines imprudences qui pourront diminuer ou aggraver la responsabilité du voiturier malgré lui. Il n'est donc pas équitable non plus de décider, *a priori*, que l'accident doive être toujours imputé au voiturier. C'est une question de circonstances.

Une autre considération a pu déterminer les tribunaux à repousser le système de la responsabilité contractuelle du voiturier, c'est l'extension parfois singulière donnée par ses partisans aux clauses tacitement contenues dans le contrat de transport. Ainsi, selon M. Sainctelette, l'entrepreneur de transport doit garantir le voyageur contre les attaques criminelles dirigées contre lui par des tiers au cours du transport; car le mode même de transport a certainement facilité ces attaques. « Le voyageur qui se trouve par exemple dans un train, dit-il, ne peut utilement ni se défendre ni s'enfuir ; son appel au secours ne sera donc pas entendu ; isolé, en tout cas surpris, il devra succomber. Le voiturier sera responsable en vertu du contrat. »

« Pour les mêmes motifs, il y a lieu d'imposer au voiturier l'obligation de secourir le voyageur blessé. Tous les devoirs d'hospitalité auxquels le contrat d'hôtellerie oblige l'hôtelier envers l'hôte sont implicitement assumés par le voiturier. »

D'autres auteurs vont même jusqu'à décider que le voiturier sera responsable en vertu du contrat des accidents survenus, même hors de la voiture, par exemple dans une gare intermédiaire entre celle de départ et celle d'arrivée, dans la cour d'un bureau des messageries.

Le caractère peu conforme à la justice de ces diverses solutions ne pouvait échapper à certains esprits, favorables au fond au système de la responsabilité contractuelle.

Déjà le tribunal de commerce de la Seine avait établi, dans les très remarquables considérants d'un jugement rendu en 1893 (Voir le *Droit* du 20 janvier 1895) une distinction nécessaire entre les diverses situations dans lesquelles peut se trouver un voyageur au cours du transport.

« Attendu, disait le tribunal, que si, au cours du transport, le voyageur est victime d'un accident, il conviendra de rechercher si cet accident provient de sa propre imprudence ou même sans imprudence s'il aurait pu le prévoir et l'éviter, si, placé en face du danger qui le menaçait, il a fait lui-même ce qu'exigeait sa propre sécurité et ce qu'il était en son pouvoir de faire ; que dans l'un et l'autre des cas sus-visés et à défaut de la preuve de la faute du transporteur, la responsabilité de ce dernier pourra être écartée.

« Attendu qu'il en est autrement si l'accident s'est produit alors que le voyageur se trouvait à la place qui lui était assignée ;... qu'il n'a pu ni prévoir, ni empêcher l'accident et qu'il était impuissant à en atténuer les effets sur sa personne ; que dans ces conditions, et dès lors que ses facultés d'être humain ont été sans utilité pour le préserver, il a bien été au cours du transport, sinon une chose inerte, tout au moins un être passif, inhabile à détourner, par lui-même, les conséquences d'un fait qui se produit en dehors de sa faculté de penser, de prévoir et d'agir... etc. »

C'est à la même solution mitigée, qu'aboutit M. Chavegrin dans la note qu'il a insérée dans Sirey, sous l'arrêt du 30 janvier 1895, que nous avons précédemment mentionné (1). Il propose, en effet, de décider que la responsabilité de l'entrepreneur de transports sera tantôt délictuelle, tantôt contractuelle. « Parmi les accidents dont les voyageurs souffrent, les uns, demeurés en dehors de la convention, comportent l'application des articles 1382 et suivants C. c. et n'obligent le voi-

_____

(1) Sirey, 1896, II, p. 225. — Dalloz, 1895, 2, 496 (même arrêt).

turier, que si on a établi qu'ils proviennent ou de celle de ses préposés ; les autres compris dans la convention incombent au voiturier, sauf preuve contraire de sa part. »

Pour le savant professeur, *dans certains cas le voyageur joue un rôle vraiment passif* ; il se comporte à la façon d'une chose. On doit le traiter de même, et condamner le voiturier qui n'a pas pu vouloir dans le contrat traiter différemment un voyageur dont la situation ne diffère point, en réalité, de celle d'une marchandise pendant le voyage que la marchandise elle-même.

Une responsabilité contractuelle ainsi définie et limitée n'est pas seulement conforme à l'intention probable des parties, mais conforme à la justice. La victime d'un accident a joué un rôle passif au moment de l'accident, pourquoi lui donner un rôle actif dans le procès ?

A l'inverse, lorsque l'accident est arrivé *à une personne qui agissait*, par exemple, dans l'hypothèse du voyageur écrasé pour gagner son train ou aller au buffet de la gare ou en sortir, il faudra qu'on prouve la faute de la Compagnie. Mais il faut avoir soin de distinguer avec soin les accidents qui ont *leur cause* dans le voyage et soumis dès lors à la loi du contrat et ceux dont le transport a été seulement l'occasion, ces derniers relevant de la responsabilité délictuelle.

Entendue de cette façon, la responsabilité n'est ni délictuelle ni contractuelle ; il n'y a plus qu'une question de fait. Il n'y a plus de système : la solution des difficultés est laissée à l'arbitraire des tribunaux qui en décident souverainement : c'est d'un éclectisme ingénieux, mais qui ne fait pas saisir très bien le fil conducteur permettant d'énoncer d'avance si telle catégorie d'accidents relèvera de la responsabilité délictuelle plutôt que de l'autre. Tout ce que nous croyons pouvoir conclure de la très remarquable note du savant professeur, c'est que les deux systèmes sont insuffisants tous deux. Nous verrons plus loin s'il n'existe pas un 3e système auquel ne sauraient s'adresser les critiques dirigées et contre la responsabilité délictuelle et contre la responsabilité contractuelle.

Étendue de la responsabilité du voiturier.

Une fois le préjudice constaté et la responsabilité du voiturier établie, il y a lieu d'examiner quelle est l'étendue de cette responsabilité. Ecartons d'abord tout ce qui a trait à la perte, aux avaries et au retard quand il s'agit des bagages du voyageur. Les règles que nous avons appliquées pour le transport des marchandises, concernent également les bagages. Elles se trouvent dans les articles 1149 et 1150 C. c.

MM. Lyon-Caen et L. Renault remarquent qu'une question pourrait être soulevée pour les bagages des voyageurs qui seraient volés. En effet, aux termes d'une loi du 18 avril 1889, la responsabilité des hôteliers a été limitée à 1 000 francs pour ces vols. L'article 1782 soumettant les voituriers aux mêmes obligations que les aubergistes ou hôteliers, nous ne voyons pas de raison de décider autrement que pour ces derniers quand il s'agit de vol commis pendant le transport.

Mais, quel sera le montant des dommages-intérêts à allouer aux victimes de blessures, ou aux héritiers des voyageurs tués?

Selon M. Sainctelette, il n'y a pas lieu de tenir compte, dans le calcul de ces dommages-intérêts, des places louées par les voyageurs ni de leurs conditions de fortune, de famille, de leur profession ; les juges ont tort d'établir une différence entre les victimes. Ils le font parce qu'ils ne veulent pas prendre garde à la préexistence d'un contrat. De l'inexécution d'une obligation contractuelle ne peut résulter qu'une indemnité prévue ou qui pouvait l'être lors du contrat. Et comme, au moment où les divers voyageurs victimes d'un même accident ont pris leurs tickets, on ne leur a pas demandé leurs qualités, et quelques-uns d'entre eux n'ont pas offert un prix extraordinaire, ils ne peuvent, après l'accident, réclamer des dommages-intérêts différents.

La plupart des auteurs, partisans de la responsabilité contractuelle du voiturier, repoussent cette solution. Selon eux, le voiturier sait qu'il transporte des voyageurs de toutes conditions, et qu'en cas d'accident, les dommages pourront varier selon la condition des voyageurs.

Il est difficile de partager l'opinion de ces auteurs. Dans un but d'équité, pour donner satisfaction à leur esprit de justice, ils perdent de vue le véritable caractère du contrat; ils le transforment en contrat d'assurance. Peu importe, en effet, que moi, voiturier, je sache d'avance que j'aurai à transporter des voyageurs riches ou pauvres, célibataires ou pères de famille. Ces circonstances n'ont en rien influé sur les conditions de notre contrat. Si j'avais prévu que cet individu qui s'asseoit sur une banquette de 3ᵉ classe me réclamerait pour la perte d'un bras une somme considérable parce qu'il est professeur d'escrime, je lui aurais demandé un prix plus élevé; la différence entre ce prix et le prix ordinaire eût constitué le montant d'une prime d'assurance. Mais rien de tout cela n'a eu lieu entre nous. Je paierai donc une somme égale à chacune des victimes ayant subi la mort ou éprouvé une même blessure. Cela ne me paraît pas plus choquant que ce que fait l'Etat allouant, en cas de mort d'un de ses serviteurs, la même pension de retraite à tous ceux qui se trouvaient dans la même position ou avaient le même grade. Et c'est pourquoi M. Sainctelette n'est nullement ému qu'on qualifie son tarif uniforme des accidents de même nature de tarif des amputations.

Ces questions ne se posent pas dans le système de la responsabilité délictuelle; il est admis par tout le monde, qu'en cas de délit ou de quasi-délit, les dommages-intérêts doivent égaler le préjudice souffert.

Clauses restrictives ou exclusives de la responsabilité du
voiturier.

Nous renvoyons pour les clauses relatives aux bagages à ce que nous avons déjà dit concernant les marchandises. Nous les déclarons valables.

Remarquons que les clauses restrictives ou exclusives de la responsabilité du voiturier, en ce qui touche les accidents de personnes, ne sont pas usitées dans les transports terrestres.

Il s'agit donc d'une question d'un intérêt plutôt théorique. MM. Lyon-Caen et L. Renault, partisans de la liberté absolue dans les contrats n'hésitent pas à les déclarer valables, toujours, bien entendu, sauf le cas de dol ou de faute lourde. Mais la plupart des partisans de la responsabilité contractuelle les prohibent, avec raison selon nous, car le mal fait aux personnes est une lésion de l'ordre public, et il n'est pas permis de déroger, par des conventions particulières, aux lois qui intéressent l'ordre public (art. 6. C. c.). Un grand nombre d'auteurs sont de cet avis, notamment M. Labbé et M. Planiol. « Cette sévérité, disait M. Planiol, qu'exigent à la fois l'humanité et la morale se justifie tout aussi bien entre personnes liées par un contrat qu'entre personnes étrangères l'une à l'autre (1). »

(1) *Revue Critique*, 1888, p. 286.

Il ne saurait évidemment être question de pareilles stipulations pour les partisans de la responsabilité délictuelle. On ne peut pas stipuler qu'on ne répondra pas de son délit. Mais, dans aucun cas nous ne saurons admettre que ces clauses, étant nulles, aient pourtant pour effet de mettre la preuve de la faute du voiturier à la charge du voyageur.

M. Fromageot (*De la faute en droit privé*, p. 251), remarque que cette interprétation resterait possible si la stipulation n'était pas claire et formelle car le rôle du juge serait alors de chercher à lui donner un sens (art. 1156 et suivants C. c.).

Dans cet ordre d'idées on pourrait peut-être soutenir, et le raisonnement embrasse aussi bien les accidents de personnes que la perte ou les avaries des bagages et des marchandises, qu'étant donnée la jurisprudence bien établie des tribunaux dans le sens du renversement de preuve attribué aux clauses exclusives de responsabilité, ceux qui inscrivent dans leurs contrats de pareilles clauses entendent bien leur donner cette interprétation. Après tout, le droit n'est pas seulement une abstraction, il est d'application journalière et domine nos actes ; mais en dépit de l'article 5 du Code civil et par la force même des choses il existe un droit prétorien élaboré par les tribunaux ; il est naturel pour les parties d'en tenir compte, puisque les textes de la loi et les clauses des conventions seront interprétés par eux.

III. *De la responsabilité objective.*

En parlant précédemment du cas fortuit et de la force majeure, nous avons vu que la jurisprudence et presque tous les auteurs assimilaient ces deux expressions. Nous avons dit que cette assimilation était légitime dans l'opinion de ceux qui donnent pour source unique à la responsabilité l'idée d'une faute ayant causé le dommage dont la réparation est demandée. En effet, dans l'hypothèse du cas fortuit on ne conçoit pas plus l'idée d'une faute que dans l'hypothèse de la force majeure.

Or, on peut dire que, jusqu'à ces dernières années tout au moins, on a considéré que l'obligation de réparer un préjudice, en dehors des rapports contractuels, avait pour source unique une faute. Tous les auteurs sont d'accord sur ce point. Aubry et Rau, Demolombe, Larombière, Sourdat, Colmet de Santerre, etc., etc. « La faute est la seule base de la responsabilité, dit Fromageot, et cette dernière ne peut donner lieu à une action privée qu'autant qu'elle se rattachera immédiatement et directement à un dommage causé. »

La faute est le manquement à un devoir juridique; c'est l'acte ou l'abstention contraire au droit.

C'est ce qu'expriment les articles 1382 et 1383 du Code civil : tout fait quelconque de l'homme qui cause à autrui un dommage, oblige celui par *la faute* duquel il est arrivé à le réparer. — Chacun est responsable du dommage qu'il a causé, non-seulement par *son fait*, mais encore par *sa négligence* ou par son *imprudence*. Et M. Labbé traduit ces deux textes en disant : Nul n'est responsable d'un accident s'il n'est en faute.

C'est ce que décide la jurisprudence. Citons seulement un arrêt de la Cour de cassation qui met en lumière ce principe : « L'existence d'une faute légalement imputable constitue l'une des conditions essentielles de toute action en responsabilité, et c'est à celui qui se prétend lésé par un délit ou quasi-délit à prouver la faute qu'il impute au défendeur (1) ».

Le législateur a bien inséré dans les articles 1384, 1385 et 1386 du même Code civil quelques dispositions où il n'emploie pas le mot faute. Mais dans la pensée des auteurs comme dans celle des tribunaux l'idée de faute domine toutes ces dispositions. M. Labbé, dans la note qu'il a fait insérer sous l'arrêt précité (Sirey, 1871, 9) dit formellement : « Que le dommage provienne de notre fait ou du fait des choses nous appartenant, il n'y a pas à distinguer. Sans faute, point de responsabilité. » C'est également l'opinion de MM. Demolombe, Fromageot, etc.. etc.

La conséquence de ce système de responsabilité dé-

(1) Sirey, 1871, 1

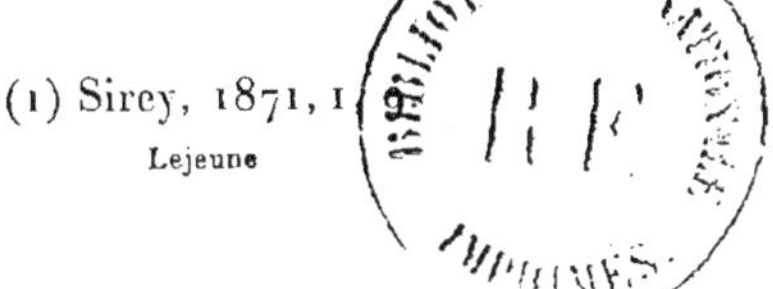

lictuelle, nous l'avons déjà signalée à plusieurs reprises au cours de cette étude, c'est d'obliger la victime d'un accident à prouver la faute de l'auteur de l'accident.

Mais autrefois, « s'il arrivait des accidents atteignant des personnes, la simplicité des faits et des choses qui les produisaient ne donnaient que rarement une importance décisive à la preuve » (Pirmez, *De la responsabilité*). Il en est autrement depuis les changements produits dans les grandes industries modernes. Le plus souvent l'ouvrier blessé par une pièce de la machine ou le voyageur victime d'un accident de chemin de fer ne pourront pas établir la faute du patron ou de la machine. Et comment le pourraient-ils ? Est-ce que vraiment l'accident est dû à une faute? N'est-il pas la conséquence de l'état imparfait des connaissances humaines, des conditions inévitables dans lesquelles se déroule la vie humaine dans notre monde moderne. « Un grand nombre de métiers, dit Fromageot, exposent ceux qui s'y livrent à des dangers plus ou moins grands ; l'emploi des forces physiques et mécaniques, mises par la science au service de l'industrie et du commerce, a augmenté encore davantage les risques que courent ceux qui en font usage, et l'emploi de la vapeur ou des instruments mécaniques expose ainsi les ouvriers à d'épouvantables accidents, malheureusement trop fréquents. La plupart d'entre ces sinistres proviennent, il est vrai, de causes connues, qu'on peut prévoir, qu'on pourrait même empêcher si on n'y était exposé chaque jour, et si l'habitude du danger, contractée involontairement, ne montrait que quelle que soit la vigilance constamment employée, elle est cependant humaine et par là même imparfaite. » Il faut ajouter que ces accidents ne causent pas seulement des dommages aux ouvriers ; qu'un accident de chemin de fer, l'explosion d'une machine, par exemple, amène la mort du mécanicien, de très nombreux passagers pourront être tués ou blessés par suite du déraillement du train, conséquence de cette explosion.

Avec le principe de la responsabilité délictuelle, il faudra que toutes ces victimes fassent la preuve de la faute de la Compagnie du chemin de fer. Mais cette preuve, elles ne pourront la faire car peut-être qu'aucune prévoyance humaine n'aurait pu éviter cet accident. Alors elles succomberont dans leur action et la Compagnie de chemin de fer ne paiera aucun dommage-intérêt. M. Labbé, dans la note déjà citée, tout en faisant remarquer que cela n'est pas injuste, reconnaît malheureusement que les hommes ne sont pas toujours d'accord sur le juste ou l'injuste.

Mais la plupart des partisans mêmes de la responsabilité délictuelle reconnaissent que les conséquences de cette doctrine sont souvent déplorables.

En pratique, écrit Willem (1), la rigueur du droit

(1) Cité par Josserand, *De la responsabilité des choses inanimées*, 16.

actuel peut aboutir à des décisions d'une cruauté incontestable.

Aussi l'extension exagérée donnée par certains auteurs au système de la responsabilité contractuelle, les interprétations ingénieuses proposées par d'autres (1) trouvent-elles leur explication dans le besoin qu'ils éprouvaient de donner satisfaction au sentiment de justice méconnu dans le système de la responsabilité délictuelle.

Mais, si large qu'on suppose l'interprétation d'un contrat — transport de personnes ou louage de services, — en admettant qu'on y fasse entrer tous les accidents qui pourront se produire à l'occasion de son exécution, la responsabilité délictuelle devra continuer à régir tous les accidents qu'on ne pourra rattacher par un lien quelconque à la convention intervenue entre la victime et l'auteur du préjudice. — Reprenons l'exemple de tout

(1) Nous devons citer parmi eux M. Esmein qui, dans une note récente (Voir Sirey, 1897, 1, 17), propose d'assimiler le louage de services au louage de choses et de lui appliquer l'article 1721 du Code civil. Aux termes de cet article il est dû garantie au preneur pour tous les vices ou défauts de la chose louée qui en empêchent l'usage quand même le bailleur ne les aurait pas connus lors du bail. Ainsi, un ouvrier est blessé par une machine, cette machine lui a été remise en exécution d'un contrat de travail, contrat de bonne foi qui doit être exécuté de même ; n'est-il pas juste que l'ouvrier puisse, par l'action née de ce contrat, demander réparation du préjudice qui lui a été occasionné : ce sera au patron à démontrer qu'il n'a pas agi contrairement à l'équité, qu'il a pris toutes les mesures dictées par la prudence pour empêcher l'accident.

à l'heure, celui de l'explosion d'une machine entraînant la mort d'un conducteur et le déraillement du train ; l'accident aura amené, outre la mort d'un certain nombre de voyageurs, celle de quelques passants frappés inopinément par la machine et les wagons abandonnés sans direction. Avec la théorie de la responsabilité contractuelle les voyageurs — ou leurs représentants — et le mécanicien obtiendront des dommages-intérêts de la Compagnie qui ne pourra pas, nous le supposons, établir que l'accident n'est pas dû à une faute ou une imprudence de sa part. Mais les passants, également victimes de l'accident, ne pouvant invoquer aucun contrat avec la Compagnie et ne pouvant non plus faire la preuve d'une faute qui lui soit imputable, n'obtiendront aucune réparation. C'est là un résultat choquant. La théorie de la responsabilité contractuelle vaut mieux apparemment que la délictuelle, car, avec celle-ci, les voyageurs et le mécanicien auraient été traités aussi défavorablement que les passants.

Mais on voit que le système contractuel ne donne pas complète satisfaction à l'équité. D'ailleurs, il convient de signaler un de ses inconvénients. Du moment que l'obligation des contractants est purement conventionnelle, ils restent libres de l'étendre ou de la réduire. Sans doute nous n'avons pas admis qu'on pût déroger, par des conventions particulières, à tout ce qui touche à la sécurité des personnes, qui est d'ordre public.

Mais si la jurisprudence déclare ces clauses nulles, elle est à peu près aujourd'hui unanime à y voir l'intention des parties de laisser à la charge du voyageur, ou de l'ouvrier dans le contrat de louage de services, la preuve de la faute du voiturier ou du patron. Il en résulte que supérieur en théorie au système délictuel, celui de la responsabilité contractuelle aboutit en fait aux mêmes conséquences, du moment que les parties pourront, dans leur contrat, insérer une clause de non responsabilité qui deviendrait de style.

Mais à mesure que se développaient nos diverses industries, et avec elles le nombre des accidents de personnes, à mesure éclatait l'insuffisance de la notion de faute appliquée à des événements qui, 9 fois sur 10, n'avaient pas de cause connue. A une situation nouvelle, résultat de ce que l'on peut appeler le « machinisme », des idées nouvelles, une conception différente de la responsabilité s'imposaient.

Cette conception nouvelle était, depuis longtemps en état de gestation dans les esprits. Déjà en 1871, dans la note même où il ne craignait pas de trouver juste de laisser à la charge des victimes certains accidents inévitables dans la société moderne, le savant M. Labbé écrivait (1) : « Il est un système qui est vaguement au fond de beaucoup d'esprits : c'est que le propriétaire répond du dommage causé par sa chose, non *parce*

(1) Sirey, 1871, 9.

qu'il est en faute, mais par cela seul qu'il est propriétaire. Voici comment ce système se motive : vous avez
une chose en propre, vous l'utilisez, vous en avez tout
le profit ; si elle est nuisible à autrui, vous en devez
réparation. Vous introduisez, vous entretenez au sein
de la société un animal d'une impétuosité ou d'une
voracité redoutable ; vous construisez, vous employez
un instrument, un moteur d'une grande puissance ;
vous le faites à vos risques et périls. Si les tiers en
éprouvent un dommage, vous qui avez retiré de la
chose tous les avantages de son emploi, vous devez
subir la charge de l'indemnité qui est due aux tiers.
Les dommages-intérêts sont dûs par la propriété plutôt
que par l'homme. L'homme doit prélever sur la valeur
de la chose et sur les profits qu'il en a retirés de quoi
indemniser les tiers à qui la chose a nui ».

Mais à cette époque M. Labbé s'empressait d'ajouter
qu'un tel système était inacceptable, comme étranger
au Code ; et il rappelait le principe, fondamental en
matière de responsabilité : nul n'est responsable d'un
accident s'il n'est en faute.

Depuis lors, l'idée inacceptable a fait son chemin ;
elle s'est précisée. Adoptée par plusieurs législations
étrangères, elle a été consacrée par la loi du 8 avril 1898
sur les risques professionnels. Mais bien avant le vote
de cette loi, M. Labbé lui-même, avec une bonne foi
admirable, ne craignait pas de déclarer (v. Sirey, 1890,
4, 17) : « Nous avons émis en 1871 une opinion con-

traire; nous avons lié essentiellement la responsabilité à une faute. Mais après une réflexion plus profonde, une étude plus attentive de la rédaction de la loi, plus touché que nous ne l'avions été de la corrélation entre les chances bonnes ou mauvaises d'une opération vo - lontaire, entre les profits et les risques d'une entreprise, nous changeons de sentiment et nous accordons en équité notre adhésion à ce principe que celui qui perçoit les émoluments procurés par l'emploi d'une machine susceptible de nuire aux tiers, doit s'attendre à réparer les préjudices que cette machine causera. »

Ainsi l'un des défenseurs les plus convaincus de la nécessité d'une faute comme base de la responsabilité reconnaissait l'insuffisance de cette conception. C'est donc une simple constatation que faisait M. Larnaude lorsque, dans la séance de la Société générale des prisons du 18 décembre 1895 (*Revue pénitentiaire*, 1896, p. 15) il disait : « La théorie de la faute subit une crise singulière. » Qu'est-ce donc, ajoutait-t-il, que la théorie du risque professionnel, qui forme la base de toutes les lois récentes sur la responsabilité en cas d'accidents dans l'industrie... sinon l'abandon complet de cette théorie de la faute, théorie exclusivement et étroitement individualiste, qui ne peut plus suffire dans les conditions nouvelles faites à l'industrie par suite des transformations apportées à la technique de la production ?

La théorie nouvelle, le principe du risque professionnel peut se résumer dans la formule suivante que donne

M. Pic, professeur à l'Université de Lyon : « La production industrielle exposant le travailleur à certains risques, c'est à celui qui recueille le profit de cette production, c'est-à-dire au patron, que doit incomber l'obligation d'indemniser la victime ; en cas de réalisation du risque, *abstraction faite du point* de savoir si le patron a commis *une faute susceptible* d'engager sa responsabilité.

C'est bien en effet l'idée qui a présidé à l'élaboration de la loi du 8 avril 1898 : « Il se produira *fatalement* pour une période déterminée des accidents *qui échappent aux prévisions humaines* », disait le rapporteur à la Chambre des députés. Et ailleurs (*Journal Officiel*, documents parlementaires, 1892, p. 306) : « L'industrie moderne entraîne avec elle *des risques inévitables* ; c'est à l'industrie elle-même, c'est-à-dire aux frais généraux de la production, qu'il faut demander la réparation des accidents qui sont le plus souvent son œuvre ».

Nous n'avons pas l'intention d'exposer ici l'économie de la loi du 8 avril 1898 ni d'en faire la critique. Ce que nous en voulons retenir, c'est qu'il résulte de l'article 1er que tout accident *donne droit*, au profit de la victime ou de ses représentants, à une indemnité à la charge du patron, c'est-à-dire de l'entreprise, et que l'idée d'une faute du patron n'est nullement la cause de cette indemnité. Non, la loi ne suppose aucune faute de la part de celui sur qui elle fait peser la responsabilité de l'accident.

Sans doute un des Membres du Parlement (Documents parlementaires, *Journal Officiel*, 21 mars 1889, p. 307) exposait comme suit ce qu'il entendait par risque professionnel : « C'est le fait, disait-il, d'exploiter une usine, une carrière, une concession de transports, ou de diriger enfin une exploitation quelconque, où il est fait emploi d'un outillage à moteur mécanique. *C'est une faute d'un nouveau genre.* » Mais cette expression de faute, improprement employée, met en lumière la notion nouvelle de responsabilité. Est-ce qu'exploiter une usine, diriger une exploitation, peuvent constituer une faute ? N'est-ce pas l'exercice même d'un droit ? N'est-ce pas un acte absolument licite ? Tous les auteurs n'enseignent-ils pas, avec Demolombe : « Qu'un fait licite ne saurait engendrer la responsabilité civile puisqu'il ne constitue, ni une faute, ni une imprudence, ni une négligence. Il en est ainsi, bien entendu, lors même que le fait licite, commis dans l'exercice d'un droit, causerait un dommage à autrui. Autrement, il est certain que le droit lui-même n'existerait pas si celui auquel il appartient pouvait, en l'exerçant, encourir une responsabilité civile (1). »

La faute ne peut être, ainsi que nous l'avons dit en commençant, que l'acte ou l'abstention contraire au droit. Il faut donc qu'elle soit imputable à quelqu'un ; l'élément de volonté est indispensable ; sans doute l'in-

______

(1) *Engagements*, p. 572.

tention coupable sera absente, *l'animus nocendi* manquera parce que celui qui aura voulu un acte contraire au droit, ou refusé d'accomplir un devoir légal, n'aura pas voulu les conséquences de son acte ou de son abstention ; mais il faut, pour qu'il y ait faute, un rapport entre le fait dommageable et une volonté qui seule l'a pu produire, directement ou indirectement. C'est la doctrine subjective telle que la définit Exner. Ce n'est pas celle de la loi sur les risques professionnels, ni de l'auteur des paroles que nous avons rapportées. Cette faute d'un nouveau genre, indépendante de toute circonstance personnelle à un auteur à qui l'on puisse l'imputer, ou, pour parler juridiquement, cette responsabilité imposée par la loi, dérivant de l'entreprise, et au sujet d'accidents que les auteurs de la loi reconnaissent *inévitables*, qu'est-ce, sinon la responsabilité objective ?

« La vie moderne, dit M. Saleilles, plus que jamais est une question de risques. Donc on agit. Un accident se produit, il faut forcément que quelqu'un en supporte les suites. Il faut que ce soit ou l'auteur du fait ou sa victime. La question n'est pas d'impliquer une peine, mais de savoir qui doit supporter le dommage, de celui qui l'a causé ou de celui qui l'a subi. Le point de vue pénal est hors de cause, le point de vue social est seul en jeu : ce n'est plus, à proprement parler, une question de responsabilité, mais une question de risques : qui doit les supporter ? Forcément, en raison et en justice, il faut que ce soit celui qui en agissant a pris à sa charge les conséquences de son fait et de son activité. » Oui, cette décision est conforme à la justice ; et « pour nouveau qu'il soit, le principe du risque professionnel n'en est pas moins supérieur à ceux qu'il vient remplacer. Il vaut mieux certainement que le principe si étroit, si insuffisant, de la faute délictuelle, en dépit des interprétations extensives dont ce dernier avait été l'objet de la part de la jurisprudence » (1). Mais la loi sur les accidents de travail, sur les risques professionnels, comme son nom l'indique, n'envisage qu'un côté de la question de la responsabilité. Elle n'apporte une solution que pour les difficultés qui peuvent s'élever entre les patrons et les ouvriers à l'occasion des contrats de louage de service, et dans des conditions strictement déterminées. Elle n'est qu'une application d'un principe plus général, mais elle n'est d'ailleurs pas la seule. Déjà nous avons cité avec M. Séligman celle qu'en fait l'article 1953 relatif aux obligations dont sont tenus les aubergistes. Il est manifeste que la responsabilité de l'aubergiste peut se trouver engagée sans l'ombre d'une faute de sa part.

C'est également un risque professionnel que l'article 262 du Code de commerce impose au patron lorsqu'il édicte que : le matelot est payé de ses loyers,

______

(1) Bauregard, préface de l'ouvrage de MM. Vassart et Nouvion-Jacquet *sur les accidents du travail.*

traité et pansé aux frais du navire s'il tombe malade pendant le voyage, ou s'il est blessé au service du navire. Or, cette disposition, comme le remarque M. Josserand (*De la responsabilité des choses inanimées*, p. 70) n'est pas nouvelle ; ses origines remontent au moins à l'ordonnance de 1673 préparée par Colbert.

On peut citer d'autres applications plus récentes de ce même principe.

Ainsi la loi du 29 décembre 1892 sur l'occupation temporaire en matière de travaux publics. En exhaussant un chemin l'Etat cause un préjudice au propriétaire d'un immeuble riverain ; il est tenu de réparer le dommage qu'il a causé. Il n'y a aucune faute cependant à imputer à l'Etat qui a exercé sa fonction ; il s'est acquitté même d'un devoir : « Les opérations de ce genre, dit M. Henrion (*Droit administratif*, p. 175) sont en elles-mêmes des accidents ; c'est par accident qu'un ouvrage public est construit dans le voisinage d'une propriété plutôt que d'une autre, par accident qu'une forteresse ou un magasin à poudre sont installés ici plutôt que là... Le seul fait à établir en justice sera le préjudice ou le dommage... il n'y aura point à invoquer de faute ». Si l'Etat est tenu de réparer un dommage alors qu'il n'est pas en faute, c'est qu'il serait contraire à l'équité que son acte, quoique légal, soit préjudiciable à autrui : « celui qui dirige une force, dit M. Josserand, doit réparer tous les dommages qu'elle occasionne sur son chemin ».

On peut, dans le même ordre d'idées, rappeler que la loi du 8 juin 1895 sur la revision des procès criminels et correctionnels et les indemnités à allouer aux victimes des erreurs judiciaires est fondée sur une idée de risque professionnel et non sur celle d'une faute de la part des magistrats qui ont prononcé la condamnation. Cette idée est très bien mise en lumière par M. Larnaude dans la communication qu'il a adressée à la Société générale des prisons (*Revue pénitentiaire,* 1896, p. 9).

Toutefois, si nous trouvons dans nos lois d'assez nombreuses applications de ce principe qu'en dehors d'une faute et de toute convention bien entendu, il peut y avoir lieu à réparation de dommage causé, on n'avait pas, du moins avant ces dernières années, montré que le principe lui-même avait été formulé d'une façon générale dans le texte de l'article 1384, 1er alinéa, ainsi conçu : « On est responsable, non seulement du dommage que l'on cause par son propre fait, mais encore de celui qui est causé par le fait des personnes dont on doit répondre ou des choses que l'on a sous sa garde. » Mais ainsi que nous l'avons vu, tous les auteurs déclaraient d'un commun accord qu'on devait interpréter ce texte en s'inspirant de la règle inscrite dans les articles 1382 et 1383.

M. Laurent avait bien déclaré (tom. XX, n° 639 des Principes du Droit civil) qu'il fallait maintenir l'article 1384, comme une disposition générale dont l'article 1386, relatif au dommage causé par la ruine d'un bâtiment, n'est qu'une application particulière. Il reconnaissait qu'en cas d'accident d'une machine, par exemple, son imperfection pouvait ne provenir que de l'imperfection de la science, laquelle n'est pas imputable au propriétaire, et qu'il était juste dès lors que le propriétaire de la machine supportât le dommage plutôt que celui qui en était la victime. Mais s'il reconnaissait ainsi une présomption absolue de faute établie par l'article 1384 contre celui qui avait la chose sous sa garde, il avait pris soin auparavant de dire que les articles 1384 et 1386 prévoient des quasi-délits, c'est-à-dire des faits dommageables arrivés par la négligence ou l'imprudence de celui qui a causé le dommage.

Mentionnons aussi, après Laurent, dont l'opinion était restée isolée dans la doctrine, celle de M. Sainctelette. Le savant auteur, après avoir si vaillamment lutté pour la responsabilité contractuelle résultant des contrats de transports ou de louage de services, en était arrivé à admettre une responsabilité pure et simple des faits des choses inanimées.

Mais on peut dire que ce n'est que tout récemment, en 1897, qu'a été édifiée une véritable théorie objective de la responsabilité, celle du fait des choses inanimées. C'est à MM. Saleilles et Josserand, professeur à Lyon, que revient l'honneur d'avoir solidement établi les bases de cette doctrine. Partant tous deux de certaines décisions judiciaires (1), ils en sont arrivés dans deux brochures parues presque en même temps : M. Saleilles, *Les accidents du travail et la responsabilité civile ;* M. Josserand, *De la responsabilité du fait des choses inanimées*, à prouver que le principe de la responsabilité objective, ou du seul fait des choses ou du risque créé, selon les expressions de M. Josserand, a sa source dans le Code civil, dans l'article 1384, 1, sainement interprété. Cette démonstration est sans réplique ; elle a recueilli l'approbation de M. Thaller, qui, dans sa dissertation à propos du cas fortuit, adopte les principales conclusions de M. Saleilles.

Si nous ne pouvons reproduire ces magistrales démonstrations, nous devons au moins en donner le résumé avant de déduire les conséquences de cette doctrine appelée, sans aucun doute, au plus brillant avenir.

1° Des arguments de texte : On est responsable du dommage causé par le fait *des personnes* dont on doit répondre, ou *des choses que l'on a sous sa garde.* Quoi de plus clair ? La responsabilité du fait des choses est du même ordre que celle du fait d'autrui. On prétend — M. Esmein, notamment, dans sa note précitée S. 1897, 1, 17 — que l'article 1384 emploie des termes qui

(1) Voir notamment jugement du tribunal de Bourgoin du 10 juin 1891. — Arrêt de la Cour de Grenoble (10 février 1892). Sirey, 1893, 2, 205. — Décision du Conseil d'Etat du 21 juin 1895, 5, 97, 2, 33. — Arrêt cassation du 16 juin 1896. — S. 1897, 1, 17.

ne peuvent viser les objets inanimés, et sont exclusivement applicables aux choses douées de vie, aux animaux — et la preuve c'est qu'on ne dit pas que l'on a
a des choses sous sa garde. — L'explication de M. Esmein nous paraît un peu osée : pourquoi traduire le
mot choses par le mot animaux. — Ne dit-on pas en
effet très couramment : Je vous prête mon fusil ; il m'a
coûté fort cher ; — cette bicyclette est une machine de
prix — prenez-en soin, *gardez-les soigneusement*? Le mot
chose évoque une idée très nette. Et d'ailleurs pourquoi
l'article aurait-il parlé d'animaux quand l'article 1385
est spécialement applicable au dommage causé par eux ?

2° En plaçant dans la même disposition ce qui a trait
à la responsabilité du fait des choses et ce qui est relatif
à celle du fait des personnes, le législateur a bien voulu
qu'elles fussent régies par la même règle. Or, quelles
sont les personnes dont on répond et quel est le caractère de la responsabilité qui leur est imposée? Les père
et mère répondent du dommage causé par leurs enfants mineurs habitant avec eux ; les maîtres et commettants du dommage causé par leurs domestiques et
préposés dans les fonctions auxquelles ils les ont employés ; les instituteurs et les artisans du dommage
causé par leurs élèves et apprentis pendant le temps
qu'ils sont sous leur surveillance. — Ce n'est pas aux
victimes des dommages à prouver la faute des parents
ou des maîtres ou des instituteurs ; il y a contre eux
une présomption de faute. La responsabilité ci-dessus

a lieu, cela résulte du dernier alinéa de l'article 1384, à moins que les père et mère, instituteurs et artisans ne prouvent qu'ils n'ont pu empêcher. Aucun doute donc à cet égard. C'est aussi ce que décide la jurisprudence quand il s'agit du dommage causé par un animal, le propriétaire de l'animal ou celui qui s'en sert est tenu du dommage sans que la victime ait à établir une faute. Ainsi donc pas de faute à établir pour la responsabilité des dommages du fait d'autrui — pas de faute pour les dommages du fait des animaux, de même pas de responsabilité du fait des choses : la même règle régit les trois cas.

La présomption de faute établie par l'article 1384, en ce qui concerne le fait des personnes dont on répond, disparaît si les père et mère, instituteurs et artisans, prouvent qu'ils n'ont pu empêcher le fait qui donne lieu à cette responsabilité. Il n'est pas question dans le dernier alinéa de l'article 1384 des maîtres et commettants : tout le monde reconnaît qu'ils ne peuvent dès lors échapper à la responsabilité en prouvant qu'ils ne sont pas en faute. On discute sur la question de savoir quel motif a déterminé le législateur à faire cette distinction entre les maîtres et commettants, et les instituteurs, artisans ou les père et mère. Mais on est d'accord pour décider que les premiers ne peuvent échapper à la responsabilité du moment que le dommage a été causé pendant que les domestiques ou les préposés exerçaient leurs fonctions.

La loi étant muette sur les cas d'excuse quand il s'agit du dommage causé par le fait des choses, nous devons donc en conclure que celui qui a une chose sous sa garde ne peut échapper à la responsabilité du dommage en prouvant qu'il n'a commis aucune faute, aucune négligence. On peut encore tirer argument de l'article 1385. Aujourd'hui, en effet, il est admis par la jurisprudence que nous sommes responsables des dommages causés par les animaux dont nous nous servons, sans pouvoir écarter cette responsabilité en démontrant que nous n'avons commis aucune faute ; quelle raison y aurait-il de distinguer entre le fait des animaux et celui d'une machine, par exemple ? Un accident proviendrait du fait d'un omnibus traîné par des chevaux qui prennent le mors aux dents, le propriétaire serait toujours responsable, mais il pourrait ne pas l'être si c'est une automobile qui a causé l'accident, par exemple s'il prouve, comme cela est arrivé, que la machine a fait explosion sans faute de sa part. — Donc, il faut reconnaître que l'article 1384, al. 1, ne permet pas à celui qui est responsable du fait de la chose de s'exonérer de la responsabilité, en prouvant l'absence de faute.

Mais il y a plus : la responsabilité qui pèse sur lui est étrangère à toute notion de faute. La simple assimilation de cette responsabilité à celle imposée aux commettants et aux maîtres suffit à le prouver. Ce n'est pas l'idée de faute, en effet, qui justifie la responsabilité du maître et du mandant. On n'explique rien quand on

dit que sa faute réside dans le choix même du domes-
tique ou du préposé. Car ces derniers, quand on les
a choisis, pouvaient être parfaits. La vérité est qu'ayant
choisi volontairement un préposé, ayant accepté un
ouvrier, le maître a accepté les risques de son choix.
« Il s'agit de quelqu'un qui agit pour lui, dont il utilise
l'actif à son service ; il prend donc pour lui et à son
compte tous les résultats de son activité, ce qu'il produira de bon comme ce qu'il produira de mal. Rien de
plus juste que, s'il cause un dommage, ce dommage soit
à la charge du maître, puisque c'est lui qui, par le service qu'il a imposé, a été la cause occasionnelle du fait
dommageable. »

De même que l'idée de faute n'est pour rien dans la
conception du législateur de 1898, qui laisse à l'entreprise les risques inévitables de l'entreprise, de même
les choses quelconques engagent, par le préjudice
qu'elles causent, la responsabilité de celui qui s'en sert,
qui en profite. C'est une notion d'équité générale et
non pas spéciale à l'industrie. « Ma voiture renverse
un passant ; à la chasse mon fusil éclate et blesse mon
voisin. Aucun reproche ne peut m'être adressé ; mon
cheval était d'un naturel pacifique et je le conduisais
prudemment, mon fusil accusait une marque excellente
et était dans un bon état d'entretien. N'est-il pas équitable que je supporte cependant les conséquences de
l'accident ? (1) » Refuser toute indemnité à la victime

(1) Josserand, p. 107.

du fait des choses c'est, en somme, laisser les conséquences de l'accident à celui qui a joué un rôle passif,
inerte, comme disait M. Chavegrin, pour exonérer
celui qui, par la direction donnée à son activité a, sans
faute c'est entendu, mais véritablement causé l'accident.

Nous conclurons donc de ce qui précède : 1° que
l'obligation de réparer le dommage causé par une
chose inanimée a sa source dans la loi.

Si nous appliquons cette première conséquence de
notre théorie au contrat de transport, nous devons décider que la victime d'un accident n'aura aucune
preuve à faire autre que celle du rapport de causalité
entre la chose et le dommage. Toute clause d'irresponsabilité sera nulle de plein droit, puisque l'obligation
du voiturier dérivant de la loi et non d'une convention
entre des contractants, ceux-ci ne peuvent la modifier,
soit pour la restreindre, soit pour l'aggraver. Mais au
point de vue de l'équité, la situation des victimes d'un
accident résultant d'un transport sera la même, qu'il
s'agisse de voyageurs ou de tiers : il suffira qu'elles
aient éprouvé un dommage par la chose, que ce soit
un chemin de fer, une voiture ou un bateau, la solution
est la même. Ce sont tous des choses dont se servent
les propriétaires ou les Compagnies.

2° La responsabilité n'existe que si le dommage a été
causé par le fait des choses. Donc, tout ce qui n'est pas
véritablement le fait de la chose ne donne point naissance à une obligation. Ce point a une grande impor-

tance. Appliquons le principe au contrat de transport : un voyageur est-il écrasé par un train, blessé par l'explosion d'une machine? C'est bien la chose qui cause le dommage : la réparation est due. Mais le voyageur est-il frappé par la foudre? une inondation amène-t-elle des accidents? On ne peut plus dire que le voyageur ait éprouvé un dommage par la chose de la Compagnie, nique les accidents soient le fait du matériel de la Compagnie. Dans le premier cas il y a risque de l'entreprise, dommage causé par la chose, dans le deuxième, force majeure.

Et c'est ici qu'apparaît le bien fondé de la distinction de M. Exner et de M. Thaller. Le propriétaire d'une chose doit répondre des cas fortuits et non de la force majeure : les uns sont risques de l'entreprise, ils ont eu lieu dans l'intérieur de l'entreprise; ils en dépendent pour ainsi dire ; un affaissement de terrain ou une rupture d'un des ponts de chemin de fer sera aussi un cas fortuit et le dommage occasionné devra être réparé par la Compagnie. Mais il n'en peut être de même des accidents déterminés par une force extérieure, ce que la loi anglaise appelle : « Fait de Dieu ou des ennemis de la Reine ». Le propriétaire d'une chose ne peut être responsable que du risque résultant de la chose, du risque créé par elle.

Comme la faute de la victime est étrangère au fait de la chose, elle sera également une clause exclusive de la responsabilité.

En ce qui concerne l'étendue de la responsabilité, nous n'avons à considérer que celle du dommage causé, sans nous préoccuper des difficultés que soulève l'inexécution d'une obligation conventionnelle (art. 1147 et suivant.) La responsabilité étant légale, la réparation devra égaler le préjudice.

Ainsi donc la responsabilité légale de l'article 1384 permet de donner une solution équitable à toutes les difficultés que nous avons rencontrées avec les deux autres systèmes. Aucun reproche fondé ne peut être adressé à ce système que nous croyons être supérieur aux deux autres.

Action en responsabilité. — Fin de non recevoir.
Prescription.

L'action en responsabilité résultant d'un accident arrivé au voyageur appartient, cela va sans dire, au voyageur lui-même. En cas de mort, elle est dévolue aux ayants droits de la victime. Ceux-ci, pour obtenir des dommages-intérêts, doivent justifier d'un préjudice.

Nous n'avons pas à revenir sur ce que nous avons dit précédemment touchant le montant de l'indemnité. Nous croyons fermement qu'il n'est pas possible, logiquement, dans le système de la responsabilité contractuelle, d'obliger le voiturier à réparer intégralement le préjudice résultant de l'accident. Le débiteur qui n'exécute pas son contrat n'est tenu que des dommages-intérêts qui ont été prévus ou qu'on a pu prévoir lors du contrat. Il est divinatoire de prétendre que quand le voiturier s'est engagé à transporter X... ou Y... il s'engageait à réparer le préjudice total que pourraient éprouver du fait d'un accident entraînant la mort de X... ou Y..., les enfants en bas-âge qu'avait la victime X... ou de réparer le préjudice que pourrait éprouver la femme de Y... qui gagnait cent mille francs par an à la Bourse.

Même en cas de dol les dommages-intérêts ne doivent comprendre que ce qui est une suite immédiate et directe de l'inexécution du contrat. — Il en est différemment, soit dans le système de la responsabilité délictuelle, soit dans le système de la responsabilité du risque professionnel, de la responsabilité objective ou, pour mieux dire, de la responsabilité légale. Le préjudice doit être intégralement réparé, à moins que le législateur, tenant compte des circonstances, n'ait fixé à forfait les risques de l'entreprise. Comme il ne l'a pas fait en France, en ce qui concerne la responsabilité du transporteur, nous devons décider que les dommages-intérêts varieront avec la situation, la profession, la famille de la personne blessée ou tuée. En se faisant voiturier, en essayant de gagner beaucoup d'argent dans l'entreprise de transport, on doit calculer d'avance les risques qu'elle peut entraîner.

Dans le calcul des dommages-intérêts le préjudice matériel sera l'élément le plus important. Mais les souffrances physiques, le préjudice moral ont été maintes fois pris en considération, et avec raison, par les tribunaux.

C'est ainsi qu'un arrêt de la Cour de Paris du 27 mai 1876 contient le considérant suivant : « Dans l'allocation des dommages-intérêts, il y a lieu de tenir compte de la blessure morale, mortelle et profonde que cause dans tous les cas la mort d'un fils, appelé à servir d'appui à sa mère dans ses vieux jours ». D'autres décisions font entrer en ligne : « les pertes éprouvées dans l'exercice d'une industrie ou d'un commerce par l'impossibilité de veiller aux affaires, les dépenses occasionnées dans le même cas par la nécessité de prendre un gérant ou un employé ».

D'ailleurs, du moment qu'il s'agit de l'évaluation d'un préjudice, la solution est nécessairement laissée à l'arbitraire des tribunaux qui devront prendre en considération toutes les circonstances de la cause. Ainsi, ils pourront décider que la somme allouée portera intérêt du jour de l'accident et non de celui de la demande en justice, comme cela devrait avoir lieu aux termes de l'art. 1153 C. c. s'il s'agissait de dommages-intérêts résultant de l'inexécution d'un contrat.

Fin de non-recevoir et prescription.

Il suffit de lire les articles 105 et 108 du Code de commerce pour se rendre immédiatement compte qu'ils ne s'appliquent point au transport des personnes. Le premier vise « la réception des objets transportés » et l'article 108 fait courir le délai de la prescription du jour où la marchandise aurait dû être remise. Cette prescription s'appliquera sans aucun doute à l'action provenant de la perte des bagages qui accompagnent le voyageur. Nous avons déjà vu qu'ils étaient régis par les mêmes règlements que ceux appliqués aux marchandises. Mais dans la pratique on ne voit pas très bien comment la fin de non-recevoir de l'article 105 pourrait s'appliquer aux bagages. Si, en effet, la protestation pour avaries ou perte partielle n'a pas lieu au moment même de la remise des bagages, on ne voit pas comment le voyageur qui aurait déjà remis son bulletin, pourra, dans les trois jours, établir l'identité des bagages partiellement perdus ou avariés.

Puisque la loi n'a pas dit pendant combien de temps durerait l'action pour la réparation des dommages provenant d'accidents de personnes, il faut s'en référer au droit commun en matière de prescription. Cette action durera donc 30 ans. Il n'y aura d'exception que si les accidents étaient la conséquence d'un crime ou d'un délit, car, aux termes des articles 637 et 638 du Code d'instruction criminelle, l'action civile se prescrit, comme l'action publique, par dix ou trois ans.

LÉGISLATION ÉTRANGÈRE

Contrat de transport, responsabilité du voiturier en cas d'avaries ou de pertes de la marchandise transportée. — Responsabilité en cas d'accident de personnes.

CONSIDÉRATIONS GÉNÉRALES

Le motif historique que nous avons donné pour expliquer le silence du Code français touchant le contrat de transport n'existait pas pour la plupart des Codes étrangers publiés bien après l'invention des chemins de fer. Aussi contiennent-ils presque tous des dispositions parfois étendues sur ce contrat. Quelques-uns même, en très petit nombre, il est vrai, traitent en même temps des obligations et de la responsabilité du voiturier aussi bien à raison d'accidents de personnes que de la perte ou de l'avarie de la marchandise. — Mais en général la responsabilité du transporteur en cas d'accidents de personnes est réglée par des lois particulières relatives soit à l'exploitation des voies ferrées, soit des mines, carrières et fabriques.

Il est remarquable que, si presque toutes les législations étrangères ont adopté les principes posés par le législateur français dans les rares textes ou, soit dans le Code civil, soit dans le Code de commerce, il a traité de la responsabilité du voiturier, à qui est laissée la charge de prouver que les avaries sont dues à une cause qui lui est étrangère, presque toutes aussi ont repoussé la théorie des partisans de la responsabilité délictuelle, sanctionnée par notre jurisprudence, quand il s'agit d'accident de personnes. Elles mettent expressément à la charge du voiturier la responsabilité de ces accidents, à moins qu'il ne prouve qu'ils sont dus à la force majeure ou imputables à une faute du voyageur ou encore à moins qu'ils ne proviennent de tiers dont le voiturier n'a pas à répondre. Ces législations tranchent également la question controversée chez nous de savoir s'il est permis au voiturier de s'exonérer par une clause du contrat de tout ou partie de sa responsabilité. Elles décident qu'aucune clause limitative ou exclusive de cette responsabilité n'est valable.

En passant en revue aussi rapidement que possible les dispositions des lois ou Codes étrangers relatives au contrat de transport, nous mettrons ces points en lumière.

ALLEMAGNE

Le Code général de commerce allemand de 1861,
déclaré loi fédérale de la Confédération de l'Allemagne
du Nord par une loi du 5 juin 1869 et loi de l'empire
en vertu de la constitution du 16 avril 1871 (1), contient
au titre 5 du livre IV une section intitulée : *Du commerce
de transport en général* (art. 390 à 422). Les dispositions de cette section ne s'appliquent pas aux transports
maritimes.

Le Code de 1861, qui avait été aussi rendu applicable à
l'Alsace-Lorraine (2), n'est plus en vigueur depuis le
1er janvier de cette année. Il a été remplacé par le Code
allemand du 10 mai 1897, dont nous n'avons pas encore
une traduction complète. Mais nous savons par M. Lyon-
Caen (*Traité de droit commercial*, 3e volume, et *Cours de
législation comparée de cette année*) que les dispositions
de ce Code relatives au transport, qui font l'objet du
titre VI du contrat de transport, sont en général les
mêmes que celles de 1861 ; les quelques modifications
que nous signalerons d'ailleurs, apportées à l'ancien
texte, ont eu pour but de le faire concorder autant que
possible avec certaines dispositions de la convention

(1) *Annuaire de Législation étrangère,* année 1872. Traduction de
M. Lyon-Caen.

(2) Ordonnance du 1er novembre 1872.

de Berne du 14 octobre 1890, dont nous dirons un mot après avoir terminé avec la législation des principaux Etats étrangers.

D'après la législation commerciale allemande, est voiturier celui qui, à titre de profession, effectue le transport des marchandises par terre ou sur les fleuves et eaux intérieures (art. 390).

Le voiturier répond du dommage causé par la perte ou l'avarie de la marchandise, entre le moment de la réception et celui de la livraison, à moins qu'il ne prouve que la perte ou l'avarie a eu lieu par force majeure, ou par le vice propre de la marchandise, notamment par détérioration intérieure, diminution spontanée, coulage usuel, etc... ou bien par des vices d'emballage non reconnaissables extérieurement (art. 395).

On voit que ce texte reproduit les règles établies par les articles 1784 C. civil et 103 Code de commerce français ; seulement le législateur allemand laisse moins que le législateur français à l'arbitraire ou, si l'on veut, à l'initiative du juge. Il prend soin de lui expliquer ce qu'est le vice propre de la chose ou la faute de l'expéditeur. Mais les explications qu'il en donne sont conformes aux conclusions qu'avaient tirées de nos textes la doctrine et la jurisprudence françaises. Nous trouvons toutefois que, comme dans l'art. 103, il n'est point parlé de cas fortuit.

Le voiturier ne répond des objets précieux, sommes

et valeurs, que lorsque leur nature ou la valeur de
la marchandise lui a été indiquée (même article).

En cas de perte ou avarie, l'évaluation du dommage
ne doit avoir pour base que la valeur commerciale courante de la marchandise. Si elle n'a pas de valeur
commerciale courante, on prend pour base de calcul
la valeur commune de la marchandise.

C'est, en cas de perte ou d'avarie, la valeur au lieu de
livraison qu'il faut considérer. On doit avoir soin de
déduire de l'évaluation du dommage les droits et frais
qui sont épargnés par suite de la perte ou des avaries
(art. 396).

FIN DE NON-RECEVOIR

La réception de la marchandise et le *paiement du
prix* du transport éteignent toute action contre le voiturier.

La rigueur de cette disposition, qui est identique à
celle de notre ancien article 105, avant la modification
apportée par la loi du 11 avril 1888, était tempérée
dans le Code allemand de 1861. En cas de perte partielle ou d'avarie, le voiturier pouvait toujours être actionné lorsque la constatation de la perte partielle ou de
l'avarie avait été réclamée par le destinataire sans retard
après sa découverte, et lorsqu'il était prouvé que la
perte ou l'avarie s'était produite entre la réception par
le voiturier et la livraison.

Cette disposition a été complétée par le Code allemand de 1897 (art. 438). Le 3e alinéa de cet article limite à une semaine après la réception de la marchandise le délai dans lequel la constatation des avaries non apparentes doit être demandée.

On peut comparer ces dispositions à celles édictées par l'article 61 de la loi allemande du 15 juin 1895, *relative aux rapports juridiques privés* en matière de navigation intérieure (V. *Annuaire de législation étrangère*, 1896, p. 113). Nous les reproduisons : « Après la livraison des marchandises au réceptionnaire, des réclamations fondées sur la perte partielle ou la détérioration apparente, ne peuvent être formées qu'autant, qu'avant la livraison, l'état des marchandises a été constaté par des experts nommés par la justice.

Pour la perte ou les détériorations non apparentes, le capitaine peut être actionné, même après la livraison, si la constatation de la perte ou de la détérioration a été réclamée aussitôt qu'elle a été découverte, ou, au plus tard, une semaine après la livraison, et s'il est prouvé que la perte ou la détérioration s'est produite pendant l'espace de temps qui a séparé la prise en charge de la livraison. »

Ainsi le seul fait de la *réception* des marchandises, indépendamment du *paiement* du prix, peut suffire à l'extinction de l'action.

Le 4e alinéa de l'article 438 (Code de 1897) déclare que la fin de non recevoir à opposer aux actions contre le voiturier ne s'appliquera point lorsque le dommage a été causé par fraude ou une faute lourde.

PRESCRIPTION

L'article 408 (Code de 1861) renvoie, en ce qui concerne la durée de l'action contre le voiturier, à l'article 386, au titre de la Commission des transports, ainsi conçu : « Les actions contre le commissionnaire de transport à raison de perte totale, diminution, avarie, se prescrivent par un an. »

La prescription court, pour le cas de perte totale, du jour où la livraison aurait dû avoir lieu et pour le cas de diminution, avarie ou livraison tardive, du jour de la livraison. Elle n'a pas lieu en cas de fraude ou d'infidélité.

On voit qu'en définitive, et sauf des points de détail, les règles relatives à la responsabilité du voiturier sont les mêmes en droit français et en droit allemand. Ce dernier tranche une question controversée que fait naître en France la durée différente des actions pour ou contre le voiturier. Comme la durée de l'action contre le voiturier est bien moins longue que celle des actions du voiturier contre l'expéditeur ou le destinataire, celles-ci étant prescrites seulement après 30 ans, on se demande si on peut opposer au voiturier, par voie d'exception, la responsabilité qu'il aurait encourue pour perte ou avarie de la marchandise, bien entendu après que le délai pour intenter l'action elle-même serait expiré. Il est généralement reconnu que les prescriptions sont faites pour les actions et non pour les exceptions, et que celles-ci peuvent, en conséquence, être soulevées tant que dure l'action qu'elles ont pour but de faire écarter. C'est une application du principe : *Quæ temporalia sunt ad agendum, perpetua sunt ad excipiendum.*

La loi allemande (article 439, loi de 1897 et Code de 1861) permet d'opposer au voiturier l'exception de sa propre responsabilité. Mais elle y met une condition très juste, de nature à empêcher des procès de pure chicane, c'est que dans le délai de la prescription (un an) le voiturier ait été avisé par l'intéressé de la perte ou des avaries.

TRANSPORT DE PERSONNES

C'est une loi du 7 juin 1871 concernant les indemnités dues à raison des morts ou des blessures occasionnées par l'exploitation des chemins de fer, des mines, carrières, fabriques (voir *Annuaire de la législation étrangère*, 1872, p. 264) qui régit actuellement les accidents survenus au cours d'un transport par la voie ferrée. Précédemment une loi du 3 novembre 1838 pour la Prusse portait que : « Les entreprises de chemins de fer sont responsables de tout dommage qui arrive dans le transport aux personnes transportées et à leurs biens. » Elles ne pouvaient s'en affranchir qu'en prouvant l'accident inévitable ou la faute de la victime.

L'article 1er de la loi de 1871 édicte que « lorsque, dans une exploitation de chemin de fer, un homme est tué ou blessé, l'entrepreneur de l'exploitation est tenu de réparer le préjudice qui en résulte, s'il ne prouve pas que l'accident a été causé par la force majeure ou par la propre faute de la personne tuée ou blessée.

Comme la loi de 1871 ne s'occupe que des entreprises de transport par chemin de fer, certains auteurs français en ont conclu qu'en ce qui concerne les autres modes de transport, le droit commun seul était applicable. La conclusion paraît logique ; mais ils en ont tiré aussi cette conséquence que, d'après le droit commun, c'était à la victime à prouver la faute du voiturier ; cette conséquence nous paraît contraire à l'esprit du droit allemand en matière de transport. Sans recommencer ici la discussion, que nous avons épuisée, de savoir si le voiturier promet ou non garantie de sécurité au voyageur, nous devons faire remarquer que chaque fois qu'il s'est occupé de transport (transport de personnes ou de marchandises) le législateur allemand a traité le voiturier avec la même sévérité : le droit commun est donc la responsabilité présumée du voiturier. Il faudrait un texte pour décider le contraire. Cela nous semble d'autant plus logique que lorsqu'il s'agit de transports maritimes le Code de 1861 ne parle pas de la responsabilité des transporteurs quand il s'agit d'accidents arrivés aux passagers.

Quoiqu'il en soit, la loi de 1871 alloue aux victimes des accidents de chemins de fer une indemnité qui doit être égale au dommage éprouvé, mais ne pas le dépasser. Aussi quand la victime était assurée à une Compagnie d'assurances il y a eu lieu de déduire du montant de l'indemnité celui de la somme assurée (art. 4). L'indemnité cesse quand la victime revient à meilleure fortune. Elle ou les ayant-droit peuvent réclamer des garanties pour le paiement de l'indemnité.

L'article 5 ne permet point aux entrepreneurs de « chemin de fer » d'exclure par avance ni de limiter à leur avantage, par un règlement ou une convention spéciale, la responsabilité qui leur est imposée par la loi.

Aucune fin de non-recevoir ne peut être opposée à l'action de la victime ou de ses représentants. Mais l'article 8 fixe à deux ans sa durée. La prescription commence du jour de l'accident.

Comme on le voit, la loi allemande est remarquable par la clarté et le soin minutieux qu'elle a pris de prévoir toutes les difficultés qui pouvaient surgir à l'occasion du contrat de transport.

AUTRICHE-HONGRIE

Le Code de commerce général allemand de 1861 est toujours en vigueur en Autriche où il a été rendu applicable en 1863. En ce qui concerne les pertes ou avaries de la marchandise, nous pouvons donc dire que l'Empire d'Allemagne comprend également l'Autriche. Il n'en est pas de même de la Hongrie. On sait qu'après la bataille de Sadowa, le conflit existant depuis longtemps entre l'Autriche et la Hongrie se régla définitivement par l'établissement du dualisme.

La Hongrie n'avait jamais été régie par le Code de 1861. Ce Code délibéré par les délégués des Etats de l'ancienne Confédération germanique, réunis à Nuremberg, et adopté successivement par les Etats, n'avait pas été appliqué à la Hongrie, qui se contentait d'une loi de 1840, très incomplète sur certaines matières commerciales. Une des premières manifestations de son indépendance reconquise fut pour ce pays l'élaboration d'un Code de commerce, qui, soumis en projet à une commission en 1873, fut définitivement voté le 19 mai 1875 par le Parlement hongrois, pour être appliqué à partir du 1er janvier 1876 (4).

(1) *Annuaire de Législation étrangère*, année 1875.

Les articles 293 à 433 traitent du contrat de transport ; mais les articles 422 à 433 sont surtout relatifs au transport par chemin de fer.

L'article 393 considère comme acte de transport celui qui est conclu pour le transport des marchandises par terre et celui par navigation sur les fleuves ou cours intérieurs. Est voiturier celui qui s'occupe de ces affaires de manière à en faire son commerce.

Si la Hongrie a voulu avoir son Code de commerce, il faut bien convenir que les dispositions de ce Code ne diffèrent guère de celles du Code allemand, du moins en ce qui concerne le contrat de transport. Les obligations du voiturier fixées par l'article 318 sont les mêmes que celles que lui impose la loi allemande. Il est vrai de dire que celle-ci s'inspire des mêmes principes que la loi française, mais l'article 398 du Code hongrois est pour ainsi dire la reproduction de l'article 395 du Code allemand de 1861.

L'article 399, qui indique le mode de calcul de l'indemnité due pour perte ou détérioration, est également la reproduction de l'art. 396 du Code de 1861.

Nous n'avons à retenir de ces divers textes que cette règle du droit français : le voiturier est responsable sans que le chargeur ou le destinataire ait à établir aucune faute contre lui. C'est au contraire à lui qu'incombe la charge de prouver les circonstances comme force majeure ou vice de la chose de nature à l'exonérer.

Remarquons cependant ce point : « Lorsqu'on peut

établir que le voiturier ou ses gens ont agi avec imprudence où dans le dessein de nuire, le voiturier est tenu d'indemniser complètement. »

Tout ce qui touche la fin de non-recevoir ou la prescription est réglé comme en Allemagne.

TRANSPORT DE PERSONNES

Une loi du 5 mars 1867 règle pour l'Autriche les accidents de personnes arrivés pendant le transport par chemin de fer. En cas de blessures ou de mort d'un homme survenus dans l'exploitation d'un chemin de fer mû par la vapeur, il y a présomption que l'accident est arrivé par la faute dè l'entreprise. L'entreprise ne sera exonérée qu'au cas où elle prouverait que l'accident est arrivé par un cas inévitable ou par le fait inévitable d'un tiers de la faute duquel elle n'est pas responsable ou par la faute de la victime. Cette loi n'est pas mentionnée dans le répertoire de Fuzier Hermann (article chemins de fer). Nous la reproduisons d'après Exner : *Théorie de la responsabilité dans le contrat de transport* (1).

HONGRIE

C'est une loi du 7 juillet 1874 qui fixe la responsabi_ lité des chemins de fer en cas de mort et de blessures.

(1) Exner, p. 27.

Les dispositions de cette loi sont visiblement inspirées de celles de la loi allemande du 7 juin 1871, il n'y est question que des entreprises de chemins de fer. Mais nous croyons que les règles qu'elle établit s'appliquent aux autres entreprises de transport.

Les Compagnies de chemins de fer sont responsables de plein droit, à moins qu'elles ne prouvent que la mort ou les blessures ont été causées par une force majeure, par la faute de la victime ou par le fait d'un tiers qu'elles ont été impuissantes à empêcher.

En cas de blessure, elles doivent, outre les frais occasionnés par la maladie, dédommager le blessé des pertes pécuniaires que lui occasionne l'incapacité de travail momentanée ou durable, ou la diminution de sa capacité de travail.

En cas de mort, l'entretien et l'éducation de ceux auxquels la victime aurait eu à pourvoir, sont à la charge de la Compagnie.

La loi du 7 juillet 1874 ne permet pas non plus aux entrepreneurs de chemins de fer de limiter par avance ni d'exclure la responsabilité qui leur incombe. La réparation doit être égale mais non supérieure au dommage ; aussi les Compagnies peuvent demander aux tribunaux de modifier le chiffre de dommages-intérêts si, par suite des circonstances il venait à être établi que ceux précédemment alloués étaient une source de bénéfices pour la victime. Réciproquement celle-ci pourrait faire augmenter le montant des allocations si elles ne répondaient pas à l'importance du dommage éprouvé. La Compagnie peut, en outre, être tenue de fournir caution pour le paiement de l'indemnité. (voir *Annuaire de législation étrangère*, année 1875.)

BELGIQUE

Le Code de commerce français réglait les relations commerciales en Belgique ; il avait été promulgué ainsi que notre Code civil. Mais dès 1864 le gouvernement belge présentait aux Chambres un projet de loi ayant pour but la revision du Code de 1807 dont beaucoup de dispositions étaient devenues surannées (Voir *Annuaire de législation étrangère*, 1892, p. 575 et suivantes). Plusieurs lois furent successivement votées à partir de 1872, par exemple celle du 5 mai 1872 sur le gage ; — du 15 décembre même année sur les conventions matrimoniales des commerçants ; — du 11 juin 1874, sur les assurances en général ; — du 21 août 1879 sur le commerce maritime, etc.. etc., qui ont modifié les différents titres de l'ancien Code français. La loi du 25 août 1891, sur le contrat de transport, a complété la revision de ce Code. Elle avait été retardée par diverses circonstances, notamment le désir qu'avait le gouvernement belge de faire concorder ces dispositions avec celles de la convention sur le transport international que nous avons déjà mentionnée.

La loi du 25 août 1891 sur le contrat de transport contient 46 articles répartis en 2 chapitres. Le permier est consacré à des dispositions générales sur le contrat de transport ; le deuxième est relatif au transport par chemin de fer. Mais contrairement à la plupart des autres législations, la loi de 1891 s'occupe du transport des personnes comme de celui des marchandises.

Les obligations du voiturier sont établies par les articles 3 et 4 ainsi conçus :

Art. 3. — Le voiturier répond de l'arrivée dans le délai convenu des personnes ou des choses à transporter, sauf les cas fortuits ou de force majeure.

Art. 4. — Il est responsable de l'avarie ou de la perte des choses *ainsi que des accidents survenus aux voyageurs*, s'il ne prouve pas que l'avarie, la perte ou les accidents proviennent d'une cause étrangère qui ne peut lui être imputée.

Nous n'avons pas à nous occuper de l'article 3 qui n'envisage la responsabilité du voiturier qu'en cas de retard. Mais il nous faut insister sur l'art. 4. En matière de transport de personnes comme de transport de marchandises, la preuve des causes d'exonération de la responsabilité incombe au voiturier. Cette disposition de la loi tranche en faveur des partisans de la responsabilité contractuelle la controverse qui avait divisé les esprits en Belgique comme en France. Il est toutefois significatif que, même après cette loi, la Cour de cassation ayant eu à se prononcer sur la question, à propos, bien entendu, de faits antérieurs, ait décidé que « l'action de la victime, bien que s'appuyant en apparence uniquement sur l'inexécution du contrat de transport, se confond en réalité avec l'action fondée sur les articles 1382 et 1384 ». Cette décision a une grande importance pour nous ; elle prouve que, selon la Cour suprême de Belgique, il s'agit en cas d'accident de personne d'une responsabilité résultant, non du contrat de transport, mais de la volonté du législateur. Cette volonté s'est clairement manifestée par la loi du 25 août 1891, en Belgique, comme elle s'est affirmée par la loi française du 9 avril 1898 sur les risques professionnels. Mais nous croyons avec M. Josserand que ces lois n'étaient point nécessaires puisque la responsabilité du fait des choses telle qu'elle résulte de l'article 1384 C. c. sainement interprété conduit aux mêmes solutions.

L'article 17 de la loi de 1891 tranche une autre question controversée, celle de la validité des clauses de non garantie. Il interdit à l'administration des chemins de fer, aujourd'hui l'Etat, d'insérer dans ses tarifs ou règlements des stipulations qui modifient, en ce qui concerne les accidents survenus aux voyageurs, la responsabilité qui lui incombe d'après le droit commun, — c'est-à-dire aux termes de l'article 4 précité. Mais il y a lieu de remarquer qu'il s'agit explicitement d'accidents de personnes ; dès lors, pour toutes les autres circonstances où cette responsabilité pourra être mise en jeu, les clauses limitatives ou même exclusives de responsabilité seront valables, les tarifs et règlements pourront être modifiés. D'ailleurs, les articles 36, 37 à 41 de la loi indiquent les conditions dans lesquelles ces modifications peuvent avoir lieu : Citons seulement à titre d'exemple l'article 37 : « Il est permis à l'Administration de stipuler qu'elle ne répond ni des pertes ou avaries ni des risques auxquels sont exposés en cours de voyage les animaux vivants, les marchandises, etc. etc. ».

FIN DE NON-RECEVOIR

La réception des objets transportés éteint toute action contre le voiturier, sauf le cas de réserves spéciales ou d'avaries occultes.

Les réserves ou réclamations doivent être formulées par écrit et adressées au voiturier le surlendemain au plus tard de la réception pour les dommages *apparents* et les pertes, et dans un délai ne dépassant pas 7 jours, non compris celui de la réception, pour les retards.

Dans le cas d'avarie *occulte* ou de manquant à l'intérieur des objets transportés, la réclamation pourra encore être admise si elle est formulée par écrit et adressée au voiturier dans un délai ne dépassant pas 7 jours, non compris celui de la réception, et s'il est prouvé que le manquant est antérieur à la livraison. C'est un système compliqué et de nature à soulever des difficultés dans la pratique (Lyon-Caen).

PRESCRIPTION

Toutes les actions dérivant du contrat de transport des choses, à l'exception de celles qui résultent d'un fait qualifié par la loi pénale, sont prescrites après 6 mois en matière de transports intérieurs, et après un an en matière de transports internationaux.

Les actions nées du contrat de transport des personnes, à l'exception de celles qui résultent d'un fait qualifié par la loi pénale, sont prescrites par un an. La prescription court à partir du jour où s'est produit le fait qui donne lieu à l'action. Les actions récursoires devront à peine de déchéance, être introduites dans le délai d'un mois à dater de l'assignation qui donne lieu au recours.

HOLLANDE

Le Code de commerce français avait été appliqué en Hollande comme en Belgique. Mais en 1826 un nouveau Code de commerce fut promulgué dans ce pays. Il reproduit, en général, les dispositions du Code français.

Il ne mentionne pas le contrat de transport d'une façon spéciale. Le titre V du livre premier contient deux sections — section II des expéditeurs (ou commissionnaires de transports art. 86 à 91), et section III des voituriers et bateliers naviguant sur les rivières et eaux intérieures (91 à 96).

Il n'y a à signaler que l'article 93 qui, à propos de l'extinction de l'action, fait la distinction que nous avons déjà rencontrée dans les législations étrangères entre les avaries visibles extérieurement et celles qui ne le sont pas. Pour ces dernières le délai des réclamations est fixé à 48 heures après la réception de la marchandise. La durée des actions est de 6 mois pour les expéditions faites dans l'intérieur du royaume et après un an pour celles faites à l'étranger. Mais une loi du 9 avril 1875 (1) sur le service et l'exploitation des chemins de fer complète les dispositions du Code de commerce en ce qui touche la responsabilité des transporteurs. Les articles 1, 2 et 3 de cette loi portent que les entrepreneurs de transports par chemins de fer sont responsables des dommages causés aux voyageurs ou aux marchandises, à moins qu'ils ne prouvent que ces accidents se sont produits sans qu'il y ait de leur faute ou de celle de leurs employés. Ils ne peuvent restreindre leur responsabilité. Ils sont d'ailleurs assujettis à toutes les règles qui concernent les autres entrepreneurs de transport.

(1) *Annuaire de Législation étrangère*, 1876, p. 657.

Comme devait le faire la loi de 1891 en Belgique, la loi hollandaise assimile donc, quant à la responsabilité du voiturier les accidents de personnes aux pertes ou avaries de la marchandise. Nous rencontrerons cette même disposition dans le Code de commerce d'un des Etats de l'Amérique du Sud, la République Argentine.

En cas de perte ou d'avarie de la marchandise, on évalue l'indemnité proportionnellement à la valeur déclarée ou à celle qu'aurait eue une marchandise de même valeur à l'époque de la livraison. En aucun cas, à moins d'assurance, on n'alloue d'indemnité supérieure à 20 florins par 50 kilogs.

C'est ici l'inverse de ce qui se passe en France où des clauses semblables, qui ne sont en définitive que des clauses pénales (1152 C. c.) ne sont pas usuelles. Cependant M. Lyon-Caen (traité vol. 3, n° 619) fait remarquer qu'on trouve dans quelques-uns de nos tarifs des clauses fixant le maximum des dommages-intérêts ; par exemple dans les tarifs de chemin de fer concernant les petits colis, ne dépassant pas 5 kilogs, il est dit que l'indemnité ne pourra jamais dépasser 100 francs. De même le décret du 19 avril 1881, art. 7, décide qu'en cas de perte ou d'avarie d'un colis postal, l'indemnité ne peut dépasser 15 francs.

SUISSE

C'est le Code pénal des obligations du 14 juin 1881, exécutoire depuis 1883, qui traite du contrat de transport des marchandises dans les articles 449 à 468 (1).

Le voiturier est celui qui se charge d'effectuer le transport des choses moyennant un salaire. Sauf les dérogations prévues par les articles précités, le contrat de transport est régi par les règles du mandat (449-450).

Si la marchandise périt ou se perd, le voiturier en doit la valeur intégrale, à moins qu'il ne prouve que la perte ou la destruction résulte soit de la nature même de l'objet transporté, soit d'un événement de force majeure, soit d'une faute imputable à l'expéditeur ou au destinataire, soit des instructions données par l'un ou par l'autre. C'est, comme on le voit, exactement les principes adoptés en droit français.

L'article 457, dont nous venons de rappeler les termes, ajoute : « le tout, sauf les conventions fixant les dommages-intérêts supérieurs ou inférieurs à la valeur intégrale de la marchandise ». C'est donc l'acceptation par le législateur des clauses limitatives de la garantie.

Aux termes de l'article 462, l'acceptation sans réserve de la marchandise et le paiement du prix du transport

(1) Voir *Annuaire de Législation étrangère*. Année 1876, p. 739 et année 1894, p. 475.

éteignent toute action contre le voiturier, sauf dans le cas de dol ou de faute grave. En outre, le voiturier reste tenu des avaries non apparentes, si le destinataire les constate dans les délais où, d'après les circonstances, la vérification pouvait ou devait se faire, et s'il informe le voiturier, aussitôt après les avoir constatées. Cet avis doit néanmoins être donné dans les huit jours qui suivent la livraison.

L'article 146 du Code pénal dit que les actions se prescrivent par 10 ans quand la loi n'a pas établi une prescription plus courte. Mais l'article 464 prend soin de fixer la prescription des actions résultant des transports à un an. Le délai court à partir du jour où la livraison aurait dû avoir lieu, en cas de destruction, de perte ou de retard, et en cas d'avarie, du jour où la marchandise a été livrée au destinataire. Celui-ci ou l'expéditeur peuvent toujours faire valoir par voie d'exception leurs droits contre le voiturier, pourvu que la réclamation ait été formulée dans le délai d'un an et que l'action ne soit pas déjà éteinte par suite de la fin de non-recevoir qui lui est opposable. Ces dispositions ne s'appliquent pas aux cas de dol et de faute grave du voiturier.

TRANSPORT DE PERSONNES

Une loi fédérale du 20 mars 1875 avait une première fois réglementé les transports par chemins de fer. Cette loi a été récemment modifiée par la loi du 29 mars 1893 sur les transports par chemins de fer et à bateaux à vapeur. Mais les articles 58 à 63 qui posent les bases de la responsabilité des entrepreneurs des chemins de fer ou des bâtiments à vapeur, en cas de mort d'homme ou de lésions corporelles, en cas de retard dans le départ ou l'arrivée des trains, en cas de pertes ou d'avaries de bagages, renvoient à la disposition de la loi civile du 1er juillet 1875 sur la responsabilité des entrepreneurs de chemins de fer et de bateaux à vapeur.

D'après cette dernière loi, les Compagnies sont responsables pendant l'exploitation, à moins que l'accident ne soit dû à une force majeure, à la faute des voyageurs ou d'autres personnes non employées à l'administration ou à la faute de celui qui a été tué ou blessé, ou bien s'il est établi que la victime s'était mise en rapport avec l'entreprise en commettant un acte criminel, déloyal ou contraire aux prescriptions de police.

En cas de mort ou de blessures, l'indemnité doit comprendre les frais de maladie, ainsi que le préjudice pécuniaire causé au défunt par l'incapacité de travail. La réparation doit, en un mot, être adéquate au dommage éprouvé, d'où possibilité de revision du procès pour augmenter s'il y a lieu le montant de l'indemnité.

En cas de perte de bagages sous la garde de la victime, si la perte est commune à l'accident, l'indemnité sera intégrale.

Les actions en indemnité se prescrivent par deux ans ;
ce délai court toujours de l'accident. Il est suspendu
par une réclamation écrite à l'entreprise, tant qu'il n'y
a pas été statué. — Il est formellement interdit de déroger par des conventions particulières à la responsabilité telle que l'a fixée le législateur.

ITALIE

Le Code de commerce italien promulgué le 31 octobre 1882 et entré en vigueur le 1ᵉʳ janvier suivant,
s'occupe du contrat de transport dans les articles 388
à 416. L'importance des dispositions relatives a été mise
en lumière dans le rapport adressé au roi par le garde
des sceaux, M. Zanardelli, pour obtenir la promulgation
du Code de commerce.

« Le contrat de transport, y est-il dit, est réglé dans
le nouveau Code avec l'ampleur qui convient à l'importance acquise aujourd'hui à ce contrat par les nou-
veaux et merveilleux moyens de communication qui
en ont modifié les conditions. » Dans ce rapport, le
ministre examine longuement la solution donnée par
la loi aux questions si importantes relatives aux clauses
limitatives ou exclusives de la responsabilité, ainsi
qu'aux fins de non recevoir à opposer à l'action contre
le voiturier en cas de perte ou d'avarie.

Voici d'ailleurs les principales dispositions concernant notre sujet.

On désigne du nom de voiturier quiconque se charge, de n'importe de quelle manière, d'effectuer ou de faire effectuer des transports (art. 388).

Le voiturier est garant de la perte et des avaries des objets à transporter à partir du moment où il les reçoit jusqu'à celui de la remise au destinataire, s'il ne prouve pas que la perte ou les avaries proviennent d'un cas fortuit ou de force majeure, d'un vice des objets ou de leur nature, du fait de l'expéditeur ou du destinataire (art. 400).

L'article 401 pose en principe le renversement de la preuve de responsabilité quand il s'agit du transport d'espèces déterminées, d'objets fragiles ou sujets à détérioration facile ; car dans ce cas les administrateurs de chemins de fer peuvent stipuler que la perte ou les avaries seront présumées provenir d'un vice des objets, de leur nature ou du fait de l'expéditeur ou du destinataire, si leur faute n'est pas prouvée.

Le dommage provenant de pertes ou d'avaries est calculé selon le prix courant des objets transportés au lieu et au temps de la remise.

La mesure de l'indemnité provenant de la perte des bagages d'un voyageur, remis au voiturier sans indication du contenu, se détermine suivant les circonstances particulières du fait (405). Le voiturier ne répond pas des effets précieux, du numéraire et des titres de crédit qui ne lui ont pas été déclarés, et en cas de perte ou d'avarie, il n'est pas tenu à réparer plus que la valeur dénoncée (406).

Le paiement du prix de la voiture et la réception sous réserve des objets transportés, même lorsque le paiement du prix a été anticipé, éteignent toute action contre le voiturier. Toutefois, en cas d'avaries non apparentes, l'action subsiste s'il est prouvé que l'avarie s'est produite dans l'intervalle entre la remise des marchandises au voiturier et la livraison au destinataire, à la condition que la réclamation soit faite aussitôt que l'avarie est découverte, et au plus tard sept jours après la réception (416).

D'après l'article 917, la prescription ordinaire en matière commerciale se compte par 10 ans ; mais l'art. 926 dispose que sont présentes les actions contre le voiturier dérivant du contrat de transport.

1°. Par six mois si l'expédition a été faite en Europe, sauf l'Irlande et les îles Feroë, dans une place maritime de l'Asie et de l'Afrique sur la Méditerranée, sur la mer Noire, le canal de Suez ou la mer Rouge, ou bien dans une place intérieure reliée, à l'une des places énumérées ci-dessus, au moyen d'un chemin de fer.

2°. Par un an si l'expédition a été faite pour un autre lieu. Le délai commence à courir comme il est réglé dans le Code allemand et belge.

Nous ne connaissons pas de loi italienne statuant sur la responsabilité du voiturier à raison des accidents survenus aux voyageurs. En l'absence de texte, la question devra se régler comme en France, et selon que l'on considérera que la responsabilité du voiturier dérive d'un délit ou quasi-délit civil ou du contrat même de transport.

RUSSIE

Nous ne connaissons pas de loi relative à la responsabilité du voiturier, en ce qui touche la perte ou les avaries de la marchandise, en dehors du règlement général du 12 juin 1885 sur les chemins de fer. — Mais ce règlement s'inspire des principes que nous avons vu adopter par toutes les législations que nous avons déjà examinées au point de vue de la responsabilité du voiturier. Il décide qu'en cas d'avaries les Compagnies ne peuvent s'exonérer de la responsabilité qu'à charge de prouver qu'il y a eu force majeure ou faute du voyageur.

En principe, l'indemnité doit être calculée d'après les prix courants ou d'après la valeur attribuée aux marchandises similaires de la même qualité dans la localité au moment où la marchandise devait être livrée.

L'article 92 de ce règlement contient des dispositions relatives à la responsabilité des administrations de chemins de fer en matière de transport pour les voyageurs en cas d'accident (1).

Mais c'est une loi du 25 juin 1878 (décision du conseil de l'empire, sanctionnée par l'empereur — *Annuaire de législation étrangère* année 1879, p. 651 — qui règle les indemnités dues par suite de mort ou de blessures occasionnées pendant l'exploitation d'une ligne de voie ferrée ou de bateau à vapeur. Aux termes de cette loi, les entrepreneurs de transport sont tenus d'indemniser les voyageurs victimes d'accidents, à moins qu'ils ne prouvent que le sinistre est arrivé par la force majeure, ou sans qu'il y ait faute de la part de l'administration ou de ses agents.

Toute clause restrictive ou exclusive de cette responsabilité est radicalement nulle.

L'indemnité peut être payée en un capital versé une fois ou en rentes servies à des termes fixes.

La prescription est d'une année pour les accidents survenus sur un chemin de fer; le délai court du jour de l'accident.

GRÈCE ET TURQUIE

La Grèce et la Turquie ont adopté le Code français de 1807; il n'y a pas lieu de s'occuper d'une façon spéciale de ces deux pays.

(1) Fuzier-Hermann, *Chemins de fer*, 7765-7768.

ROUMANIE

Au contraire, la Roumanie a promulgué un Code de commerce les 16-28 avril 1887 qui est entré en vigueur les 1-13 septembre de la même année.

Le titre XII du livre Ier est intitulé : *Du contrat de transport*, et contient les articles 413 à 441.

Le contrat de transport a lieu entre l'expéditeur ou le mandant qui donne l'ordre de transport et l'entrepreneur qui se charge de le faire exécuter en son propre nom ou pour le compte d'autrui. On donne le nom de voiturier à toute personne qui entreprend d'effectuer un transport ou de le faire exécuter de quelque manière que ce soit (413).

Les obligations du voiturier sont les mêmes qu'en France. Signalons pourtant l'article 418 qui prend soin de dire que si le voiturier accepte sans formuler de réserves les objets à transporter, il est présumé les avoir reçus en bon état apparent d'emballage.

La clause pénale est admise. Si le contrat de transport contient une clause pénale... on a toujours le droit d'en demander l'exécution ; il n'est pas nécessaire de prouver un préjudice pour se faire adjuger le bénéfice de la clause pénale. Au contraire, celui qui prouve avoir souffert un préjudice supérieur aux évaluations de la clause pénale peut demander un supplément de dommages-intérêts.

L'article 440 consacre les mêmes règles que le Code italien en ce qui concerne la fin de non-recevoir à opposer à l'action contre le voiturier ; mais le délai pendant lequel la réclamation doit être faite quand il s'agit d'avaries non apparentes est réduit à cinq jours.

Il en est de même en ce qui touche la prescription.

Les accidents survenus aux voyageurs transportés doivent être régis par le droit commun en France et en Italie.

ESPAGNE

Le Code de commerce espagnol du 22 août 1885, mis en vigueur à partir du 1er janvier 1886, a remplacé le Code de 1829 qui avait été exécutoire le 1er janvier 1830. Il traite du contrat commercial de transport par terre dans 31 articles (348 à 380).

Le contrat de transport par les voies terrestres ou fluviales est réputé commercial :

1°. Lorsqu'il a pour objet des marchandises ou des effets de commerce quelconques ;

2°. Lorsque, ayant un autre objet quelconque, le voiturier est commerçant ou se livre habituellement à des transports pour le compte du public.

La responsabilité du voiturier commence dès le moment de la réception des marchandises. — C'est absolument le principe admis en droit français. Mais la loi espagnole tranche une question importante, celle de savoir qui du chargeur ou du destinataire supportera les risques. Elle décide que les marchandises sont transportées aux risques du chargeur, si le contraire n'a pas été convenu en termes exprès (361).

En conséquence, seront à la charge de l'expéditeur tous les dommages et toutes les détériorations survenus aux marchandises durant le transport, par cas fortuit, force majeure, ou provenant de la nature ou d'un vice propre des choses.

L'article ajoute que la preuve de ces accidents incombe au voiturier, qui sera responsable, même dans l'hypothèse de force majeure, de cas fortuit ou de vice propre des choses quand une faute sera établie à sa charge. C'est ce qu'à défaut de texte décident la doctrine et la jurisprudence françaises.

Le quantum de l'indemnité à payer par le voiturier en cas de perte ou d'avarie est fixé par l'article 363 : c'est la valeur que les objets non livrés auraient eue au lieu où la livraison devait être effectuée.

Dans les *24 heures* qui suivent la réception des marchandises il pourra être adressé au voiturier une réclamation à raison des dommages ou des avaries découverts au moment de l'ouverture des colis, pourvu que ceux-ci ne portent pas *extérieurement* des marques du dommage ou de l'avarie qui motive la réclamation, auquel cas la réclamation ne sera admise qu'au moment même de la réception.

Après l'expiration de ce délai, ou lorsque le prix du transport aura été acquitté, il ne sera plus reçu aucune réclamation contre le voiturier à raison de l'état dans lequel il a livré les marchandises transportées.

C'est le titre II du livre IV qui traite des prescriptions en général ; l'article 952 dit que sont prescrites par un an :

... 2°. Les actions en remise du chargement dans les transports par terre ou par mer ; à compter du jour de la remise de la cargaison dans le lieu de se destination ou de celui où la dite livraison devait être effectuée. Ces actions ne pourront pas être exercées lorsqu'il n'aura pas été fait de protestation au moment même de la livraison ou dans les 24 heures, s'il s'agit de dommages ne se manifestant pas à l'extérieur des colis reçus.

PORTUGAL

Le Code de commerce actuel, en vigueur au Portugal depuis le 1er janvier 1889, date du 28 juin 1888 ; il a remplacé l'ancien Code de 1833.

Le titre X du livre II est intitulé : *Des Transports*, et contient les articles 366 à 393.

Les articles 366 à 376 reproduisent à peu près les dis-

positions que nous venons de voir dans le Code espagnol, en ce qui concerne les cas où le contrat de transport est réputé commercial.

Le voiturier répond de la perte ou des avaries subies
par les marchandises, à moins que ces avaries ou la
perte ne proviennent de force majeure, du vice propre
ou de la faute de l'expéditeur ou du destinataire.

La clause pénale est admise ; la responsabilité est limitée à un tant pour cent ou à une quote part par colis.
Cette limitation sera sans effet, toutefois, si l'expéditeur
ou le destinataire prouve que la diminution n'a pas été
causée par la nature des objets ou que, dans les circonstances, elle ne peut avoir atteint la limite fixée.

L'indemnité due à raison de la perte des bagages d'un
voyageur, remis sans déclaration du contenu, sera fixée
d'après les circonstances de chaque affaire (384-512).

Le laisser pour compte est prohibé (385-513).

En résumé, il y a beaucoup de similitude entre les
Codes de commerce de la péninsule ibérique.

Nous ne connaissons pas de législation spéciale ni au
Portugal, ni en Espagne, réglant la responsabilité du
voiturier en ce qui concerne les accidents survenus aux
voyageurs. Il ne nous reste plus qu'à dire un mot de la
législation de la Grande-Bretagne pour en avoir fini avec
la plupart des Etats de l'Europe Continentale.

GRANDE-BRETAGNE

On sait qu'il n'existe pas de Code de commerce en Grande-Bretagne ; il y a cependant une tendance marquée vers la codification des lois commerciales. Déjà cette codification a eu lieu pour la marine marchande et les faillites. Il n'y a pas encore eu de codification en matière de transport, mais plusieurs lois se sont occupées des commissionnaires de transport, des droits ou des obligations des entrepreneurs de transports par chemins de fer ou canaux.

Une loi du 8 mai 1845 porte (article 89) que les Compagnies de chemins de fer sont soumises aux règles du droit commun en matière de transport.

Quelles sont ces règles ? Fuzier et Hermann, au mot commissionnaire de transport, n° 721, les résument ainsi qu'il suit :

Les commissionnaires de transport doivent apporter les plus grands soins aux marchandises qui leur sont confiées. Ils doivent même les faire assurer. Ils sont responsables de la perte des marchandises ainsi que des avaries qui surviennent autrement que par cas fortuits ou force majeure.

Pour les objets consistant en matière d'or ou d'argent, pierreries, bijouteries, horloges, curiosités de toutes

sortes, en un mot tous les objets de prix, le commissionnaire n'est pas responsable au delà de 40 livres sterling,
à moins qu'au moment de la remise de ces objets la
valeur n'en ait été déclarée par l'expéditeur et dans ce
cas le prix du transport peut être augmenté eu égard à
l'importance des risques.

Mais une loi du 23 juillet 1830 limite à 25 livres l'indemnité que peuvent être tenues de payer les Compagnies
de chemins de fer pour les objets de prix dont la valeur
n'aura pas été déclarée par l'expéditeur.

Aux termes d'une loi du 10 juillet 1854 les Compagnies
ne peuvent s'exonérer d'avance par conventions de la
responsabilité qui leur incombe pour frais de transport.
La même loi limite à certain chiffre la responsabilité de
la Compagnie par tête d'animaux.

Le destinataire doit vérifier la marchandise en présence du voiturier ou devant témoins s'il veut conserver
un recours contre le voiturier.

La responsabilité des Compagnies s'étend non seulement aux objets placés dans le fourgon, mais même à
ceux que le voyageur conserve dans les voitures. Mais
elles ne peuvent être responsables qu'à l'occasion des
objets qu'on est dans l'habitude d'emporter en voyage.

C'est en somme ce que décide la jurisprudence française qui donne des solutions d'espèces, suivant les circonstances.

TRANSPORT DE PERSONNES

Les Compagnies sont responsables envers les voyageurs victimes d'accidents au cours du transport, sauf le cas de force majeure. Mais c'est aux victimes qu'incombe la charge de prouver une faute des Compagnies ou de leurs agents.

L'indemnité doit, en principe, être proportionnelle au dommage ; elle est fixée par un jury.

Le chiffre de l'indemnité est limité à 100 livres sterling au maximum pour les accidents arrivés dans le train d'ouvriers qui bénéficient d'un train réduit.

La prescription est d'un an à partir de l'accident ou du jour du décès de la victime (voir Fuzier, Herman, *Chemins de fer* — 7493 et suivants — *Bulletin de législation comparée*, 1883).

Il est à remarquer que, de toutes les législations que nous avons résumées, la loi anglaise est la seule qui impose aux victimes d'un accident le fardeau de la preuve d'une faute du transporteur. En cela elle est d'accord avec la jurisprudence française et les partisans de la responsabilité délictuelle du voiturier.

AMÉRIQUE

Etats-Unis.

Il eut été intéressant de rechercher quel principe avait adopté la législation de la Grande République américaine dans la question qui nous occupe. Mais il n'existe pas aux Etats-Unis comme en Suisse un Code des obligations générales américaines ; il n'existe même pas, à une exception près (1), une codification des lois commerciales faite par un seul des Etats de la confédération. Ce sont les usages qui font loi en matière commerciale comme en Angleterre.

Il n'en est pas de même en ce qui concerne quelques-uns des Etats de l'Amérique Centrale ou de l'Amérique du Sud, notamment le Mexique, le Chili et la République Argentine.

Mexique.

Le Mexique est un des pays qui ont eu le plus de Codes de commerce. Le 1ᵉʳ promulgué en 1854, le

(1) Voir Loi de l'Etat de Massachussets du 12 avril 1881 analysée par M. Weil dans l'*Annuaire de Législation étrangère*, 1882, p. 790. Cette loi n'indique pas si la faute du voiturier est présumée ou non, et ne précise que quelques points de détail. Elle limite notamment le montant des dommages et intérêts à une somme variant de 500 à 5 000 dollars.

16 mai, par le président Antonio Lopez de Santa Anna,
n'était en somme qu'une copie revue et corrigée du
Code espagnol de 1829 (Desjardins, *Introduction à
l'étude du droit commercial maritime*, p. 410).

Le 20 avril 1884 était promulgué un nouveau Code.
Dans le livre 1er se trouvait un titre V intitulé : « Des transports par terre, rivières, canaux et bacs », et divisé
en chapitres dont le 4e traitait des droits et obligations
du voiturier.

Malgré l'avantage qu'un Code relativement récent
devait avoir sur ceux de beaucoup d'Etats de l'Europe,
il a été remplacé moins de 6 ans après par celui du
15 septembre 1889 exécutoire depuis le 1er janvier 1890.

C'est le titre 10e du livre II (art. 576 à 605) qui traite
des transports par les voies terrestres ou fluviales ; des articles remplacent les articles 260 à 292 du Code de 1884.

L'article 576, qui définit le contrat de transport, est
une reproduction presque textuelle du Code espagnol.

L'article 390 règle les obligations du voiturier qui
est tenu :....

4° De veiller à la garde de conservation des marchandises, lesquelles seront sous sa responsabilité exclusive depuis le moment où il les a reçues jusqu'à
celui où il et effectuera la livraison à la satisfaction du
consignataire.

8° De justifier que les pertes ou avaries n'ont pas eu
pour cause sa faute ou sa négligence, s'il allègue n'être
pas responsable de ces événements.

9° De payer les pertes ou avaries à sa charge d'après le prix attribué à dire d'experts aux marchandises le jour et dans le lieu où devait s'en faire la livraison, les experts devant, en ce cas, avoir égard aux dénonciations de la lettre de voiture.

Remarquons que le laissé pour compte est autorisé. Cela résulte de l'article 591, 406 : le voiturier a le droit d'exiger que le consignataire reçoive les marchandises *non avariées* faisant partie du chargement avarié, toutes les fois que le fait de les distraire des marchandises avariées ne leur fait éprouver aucune diminution de valeur.

La responsabilité du voiturier pour pertes, déchets ou avaries est éteinte :

1° Par la réception des marchandises sans réclamation.

2° Par l'expiration d'un délai de 6 mois, s'il s'agit d'expéditions faites dans l'intérieur de la République, et d'une année s'il s'agit d'expéditions faites à destination de l'étranger (592).

Le délai de la prescription commence à courir, en cas de perte, le lendemain du jour fixé pour la fin du voyage ; en cas d'avaries, 24 heures après la livraison des marchandises (593).

Les responsabilités dont il est parlé dans l'article qui précède sont les responsabilités civiles et non les responsabilités pénales pour la prescription desquelles on suivra les règles établies dans le droit pénal.

Chili.

Nous devons une mention spéciale au Code de commerce de ce pays ; le contrat de transport y est traité d'une façon très étendue. Mis en vigueur le 1er janvier 1867, ce Code, qui avait été promulgué le 23 novembre 1865, ne contient pas moins de 533 articles et un article final, abrogeant toutes les lois commerciales antérieures.

Le contrat de transport fait l'objet des articles 166 à 232, qui composait le titre V du livre II.

Reproduisons le premier article qui donne une excellente définition du contrat : Le transport est un contrat par lequel une personne s'oblige, moyennant un certain prix, à conduire d'un lieu dans un autre, par terre, canaux, lacs ou rivières navigables des passagers ou des marchandises appartenant à autrui, et à remettre ces marchandises à la personne à qui elles sont adressées.

L'article 167 rappelle que le contrat de transport participe à la fois du louage de service et du dépôt.

Le voiturier répond de sa faute légère dans l'exécution des obligations que lui impose le contrat de transport. La perte, l'avarie ou le retard sont présumés avoir pour cause la faute du voiturier. Le quantum des dommages-intérêts est fixé d'après les mêmes règles que celles adoptées au Mexique.

Si les marchandises sont avariées au point de ne pouvoir être vendues et consommées, le consignataire pourra les *laisser pour compte* au voiturier et exiger que celui-ci lui en paie la valeur comme en cas de perte (art. 210.)

Si l'avarie a seulement produit une diminution de la valeur des marchandises, le consignataire devra les recevoir et se faire rembourser par le voiturier du montant de cette diminution de valeur.

S'il se trouve parmi les marchandises certaines pièces entièrement intactes, le consignataire est tenu de les recevoir, sauf si elles font partie de pièces composant un assortiment.

Les articles 214 et 215 reproduisent, pour les fins de non-recevoir et la prescription de l'action, les dispositions du Code de commerce mexicain mais avec plus de détails. C'est le reproche qu'on peut adresser au législateur chilien ; il enseigne, il s'approprie des théories, des décisions de la jurisprudence et les convertit en articles de loi.

Remarquons qu'en cas de dol, d'infidélité ou d'un délit, les responsabilités du voiturier sont éteintes seulement par l'échéance des délais établis par le Code pénal (soit 10 ans, — Prudhomme, — Code chilien).

Nous devons signaler également que les voituriers ne sont pas responsables de l'argent, des bijoux et autres objets de valeur qui ne sont pas déclarés (art. 229).

Les passagers ne sont pas tenus de faire enregistrer leurs bagages, mais s'ils remettent aux conducteurs leurs sacs de nuits, valises ou malles, les entrepreneurs sont tenus de restituer (226). Mais les passagers ou chargeurs seront tenus de prouver la remise desdits objets. — A défaut d'autres preuves le serment sera reçu (226-227).

République Argentine

Nous terminons la revue des législations des différents peuples par le résumé de la législation de la République Argentine. Comme le Mexique, la République Argentine a vu, en quelques années, se succéder 3 Codes de commerce.

La première édition fut publiée en 1858 ; la deuxième en 1862 après la réunion à la République de l'Etat de Buenos-Ayres.

Enfin le Code actuel, promulgué le 9 octobre 1889, est en vigueur depuis le 1er mai 1890.

C'est en 1887 que, par un message du Président de la République, M. Celman soumettait au Congrès le projet de ce dernier Code. On lit dans ce message : Il m'est agréable de vous dire que le travail de M. Ségoria a répondu aux vues du gouvernement et que le projet qu'il a présenté, s'il obtient votre sanction, sera peut-être le Code le plus complet de tous ceux qui existent.

M. Prudhomme, le traducteur de ce Code, pense qu'il

n'y a rien d'exagéré dans cet éloge officiel ; les 1601 articles dont se compose le Code argentin s'inspirent, selon lui, des progrès réalisés en Europe et en Amérique et des opinions des jurisconsultes français, allemands et italiens.

Nous n'avons à nous occuper que du contrat de transport et au point de vue spécial du voiturier dans les conditions que nous avons déjà si souvent exposées.

C'est au titre IV du livre Ier des agents auxiliaires du commerce qu'un chapitre 5 est consacré aux « voituriers transporteurs ou entrepreneurs de transport (art. 162 à 207). »

Nous ne croyons pas utile de reproduire les dispositions relatives au contrat, à sa forme, aux obligations et à la responsabilité du voiturier. Elles sont identiques à celles des législations qui précèdent. Mentionnons toutefois l'article 174 : « En ce qui concerne les choses qui, par leur nature sont sujettes à une diminution de poids ou de mesure, le voiturier pourra limiter sa responsabilité jusqu'à concurrence d'un tant pour cent, préalablement déterminé. La clause sera inapplicable si le chargeur ou le destinataire prouve que la diminution ne résulte pas de la nature des choses ou que, vu les circonstances, elle ne pouvait atteindre le quantum fixé.

« L'indemnité en cas de perte ou d'avaries, le laisser pour compte, les fins de non-recevoir et la prescription (art. 855), sont régis par les règles que nous avons précédemment rapportées touchant le Mexique et le Chili.

« Mais le Code argentin se distingue des autres Codes en ce que, comme la loi belge de 1891 sur les transports et la loi hollandaise du 9 avril 1895 sur les chemins de fer, il s'occupe en même temps de la responsabilité du voiturier en cas d'accidents de personnes.

« En cas de mort ou de blessure d'un voyageur survenue durant le transport en chemin de fer, dit l'art. 184, l'entreprise sera tenue de réparer complètement les dommages et préjudices, nonobstant tout pacte contraire, à moins qu'elle ne prouve que l'accident résulte d'une circonstance de force majeure ou qu'il a été occasionné par la faute de la victime ou d'un tiers dont l'entrepreneur n'est pas civilement responsable. »

Il est remarquable que ce texte fait une stricte application de la théorie de la responsabilité du fait des choses, notamment en ce qu'il repousse la responsabilité du voiturier, proposée par M. Sainctelette, quand les accidents proviennent du fait de tiers.

Convention de Berne du 4 octobre 1890.

Par suite du développement des relations commerciales entre les peuples, une marchandise expédiée d'un point à un autre peut avoir à traverser plusieurs pays soumis à des souverainetés différentes. On peut imaginer, sans doute, que celui qui a à expédier une marchandise de Paris à Moscou s'entendra directement avec un voiturier de France et des voituriers de chacun des pays que traversera la marchandise avant d'arriver en Russie. Mais on comprend aisément la perte de temps, les difficultés de toute nature, sans compter les dépenses qu'occasionnerait un tel mode de transport. Aussi les choses ne se passent pas généralement de cette façon dans la pratique. La Compagnie de transport du pays de l'expéditeur se charge de faire parvenir la marchandise à destination, en jouant à l'égard des autres Compagnies intermédiaires le rôle de commissionnaire; mais entre elle et l'expéditeur il intervient un seul contrat, un contrat unique qu'on appelle un contrat de transport international.

Les transports internationaux donnent lieu à de très sérieuses difficultés. Les formalités à remplir pour établir le contrat, les conséquences de la responsabilité du voiturier, l'action en responsabilité, sa durée, les fins de non-recevoir à lui opposer ne sont pas les mêmes dans tous les pays. Pour ne citer qu'un exemple, nous avons vu qu'en France les dommages-intérêts pour avaries ou perte de la marchandise sont réglés par les articles 1148 à 1151 du Code civil et, par suite, ne sont pas limités ; mais nous avons également constaté que, dans beaucoup d'Etats étrangers, il y a soit un maximum proportionnel au poids de la marchandise, soit un forfait. Ce maximum n'est dépassé qu'en cas d'assurance. Il devient donc extrêmement important pour l'expéditeur comme pour le transporteur et le destinataire de savoir quelle sera la loi applicable en cas d'avaries ou de perte. Sera-ce la *lex loci contractus*, la *lex rei sitæ*, la *lex fori* ?

La solution de ces questions dépasse le cadre de notre travail, il nous suffit d'avoir montré les conflits qui peuvent s'élever à propos du contrat de transport international entre les lois des différents pays situés sur le parcours de la chose transportée.

Le but principal de la convention de Berne a été de diminuer, dans une large mesure, les conflits de lois.

L'idée d'une législation uniforme pour régler les rapports que font naître, entre individus de nations différentes, les transports internationaux, date de 1874. On la doit à MM. de Seigneux, alors avocat à Genève et depuis président de la Cour de cassation de ce canton, et Christ, avocat à Bâle, qui, pendant qu'on discutait la loi fédérale de 1875 sur les chemins de fer, adressèrent une pétition au Conseil fédéral. Cette idée, favorablement accueillie, fut soumise à plusieurs gouvernements. A la suite de trois conférences, dont la première se réunit du 13 mai au 14 juin 1878, la deuxième en septembre 1881 et la troisième le 5 juillet 1886, les délégués de la France, l'Allemagne, l'Autriche-Hongrie (avec la principauté de Liechtenstein), la Belgique, l'Italie, le Luxembourg, les Pays-Bas, la Russie et la Suisse adoptèrent la convention signée le 14 octobre 1890 et appelée : Convention internationale sur le transport des marchandises par chemins de fer. Après l'approbation donnée à cette convention dans chaque pays selon les règles constitutionnelles, l'échange de ratification a eu lieu à Berne, le 30 septembre 1892 (*Journal international privé*, 1893 p. 474).

Cette convention est étrangère aux transports qui s'effectuent autrement que par des voies ferrées ainsi qu'aux transports des personnes ou de leurs bagages. Elle ne vise que les transports internationaux des marchandises, y compris le bétail.

Elle ne concerne pas les transports intérieurs qui sont ceux dont la gare de départ et la gare d'arrivée sont situées sur le territoire d'une seule puissance, quand bien même les marchandises auraient à traverser le territoire d'un autre Etat ; pourvu que la ligne parcourue sur ce territoire relève d'une administration dépendant de l'Etat d'où l'expédition a été faite.

Elle se compose : 1° de 60 articles; 2° d'un règlement relatif à l'institution d'un office central de transports internationaux ; 3° des prescriptions réglementaires pour l'exécution de la convention et du protocole de clôture, enfin d'annexes qui ont la même valeur que la convention elle-même.

Elle a été modifiée sur quelques points par une convention additionnelle du 16 juin 1898, préparée dans une conférence tenue à Paris en mars avril 1896, mais n'a pas encore été ratifiée (Lyon-Caen, *Traité de droit,* p. 669, dernière édition).

Les administrations de chemins de fer appartenant aux divers Etats contractants, sont obligées de se charger des transports internationaux, c'est-à-dire qu'entre deux gares quelconques de ces administrations, les transports des marchandises doivent être effectués en vertu d'une seule lettre de voiture.

Dans tous les cas de perte totale ou partielle ou d'avaries, les administrations des chemins de fer sont tenues de faire immédiatement procéder à des recherches, d'en constater le résultat par écrit et de le communiquer aux intéressés s'ils le demandent et, en tout cas, à la gare d'expédition. En cas d'avaries ou de perte partielle, le chemin de fer doit dresser un procès-verbal destiné à constater l'état de la marchandise, le montant du dommage et, autant que possible, la cause dont il dérive et l'époque à laquelle il remonte.

Toutes les fois que le chemin de fer sera responsable de la perte totale ou partielle des objets transportés, l'indemnité mise à sa charge sera calculée d'après le prix courant des marchandises de même nature et qualité au lieu et à l'époque où la marchandise a été acceptée (au transport), et, à défaut de prix courant, d'après la valeur ordinaire de cette marchandise évaluée sur les mêmes bases, il sera alloué les droits de douane, de transport et autres frais qui auraient pu être déboursés (art. 34). Mais l'expéditeur peut, en déclarant la valeur des marchandises lors du départ, s'assurer, moyennant une taxe supplémentaire, une indemnité proportionnelle. — On voit par là que la convention de 1893 a adopté un système mixte qui n'est ni le système allemand ni le système français.

En cas d'avarie, l'indemnité sera égale au montant de la dépréciation subie par la marchandise, mais si celle-ci a bénéficié d'un tarif spécial, les dommages-intérêts doivent être diminués proportionnellement à la réduction accordée sur le prix du transport (article 37).

La réception des marchandises et le paiement du prix du transport éteignent, en principe, toute action en responsabilité provenant du contrat de transport (art. 44). Mais il y a de nombreuses exceptions à cette règle. Ainsi l'action subsiste, 1° : Quand il est prouvé que le dommage a pour cause un dol ou une faute grave.

2° Quand les avaries ont été constatées avant l'acceptation des marchandises par le destinataire ou quand la constatation n'a été omise que par la faute de l'administration du chemin de fer.

3° En cas de réclamation pour dommages non apparents extérieurement, dont l'existence est constatée après la réception, mais à condition que la réclamation soit faite aussitôt la découverte du dommage ou au plus tard dans les sept jours de la réception des marchandises ; et que l'ayant droit prouve que le dommage s'est produit dans l'intervalle entre la remise au transport et la livraison.

Les réclamations doivent toujours être faites par écrit.

Les actions en indemnité pour perte totale ou partielle, avarie de la marchandise sont prescrites par un an. En cas d'avarie ou de perte partielle la prescription court à partir du jour où expire le délai de livraison. La prescription est portée à trois ans pour l'action en dommages-intérêts fondée sur un dol ou sur une faute grave.

L'interruption de la prescription est régie par la loi du pays où l'action est intentée (art. 45 et 12).

Les réclamations éteintes ou prescrites ne peuvent pas plus être invoquées sous forme d'exception que sous celle d'une demande (art. 44).

MM. Lyon-Caen et L. Renault (p. 676, vol. édition de 1899) donnent le texte d'un alinéa ajouté à l'art. 45 par la convention additionnelle, déjà mentionnée : « En cas de réclamation écrite, adressée au chemin de fer par l'ayant droit, la prescription cesse de courir tant que la réclamation est en suspens. Si la réclamation est repoussée, la prescription reprend son cours à partir du jour où le chemin de fer a notifié par écrit sa réponse au réclamant et restitué les pièces justificatives qui avaient été jointes à la réclamation. La preuve de la réception de la réclamation ou de la réponse et celle de la restitution des pièces sont à la charge de celui qui invoque ce fait. Les réclamations ultérieures adressées au chemin de fer ou aux autorités supérieures ne suspendent pas la prescription. »

La convention de Berne constitue un véritable Code international du commerce des marchandises. Ses effets n'ont pas lieu seulement dans les limites fixées par elle entre les administrateurs des États contractants ; avant même qu'elle ne devînt exécutoire, la Belgique avait retardé la réforme de loi sur les transports, afin de pouvoir tenir compte des règles qu'elle avait consacrées, nous avons dit que l'Allemagne avait modifié les dispositions du Code de 1861, relatives au transport, pour les faire concorder autant que possible avec celles de la convention. En France il est question d'imiter sur ce point le parlement allemand. On peut dire que, dans un avenir plus ou moins éloigné, les principes posés par la convention régiront tous les Etats de l'Europe continentale. On peut espérer qu'alors interviendra aussi une convention internationale relative aux accidents de personnes et aux avaries ou pertes de bagages.

Vu :

Le Président de la thèse,
André WEISS.

Vu :
Le Doyen,
Glasson.

Vu et permis d'imprimer :
Le Vice-Recteur de l'Académie de Paris,
GRÉARD.

TABLE DES MATIÈRES

PREMIÈRE PARTIE

RÈGLES GÉNÉRALES SUR LE CONTRAT DE TRANSPORT DES MARCHANDISES

DEUXIÈME PARTIE

TRANSPORT DES PERSONNES

Imprimerie BUSSIÈRE. — Saint-Amand (Cher)

9 782329 031750